幸福社会建设

赵亮员 / 著

国家行政学院出版社

图书在版编目（CIP）数据

幸福社会建设／赵亮员著．—北京：国家行政学院出版社，2014.6
ISBN 978-7-5150-1187-5

Ⅰ．①幸… Ⅱ．①赵… Ⅲ．①幸福－社会发展－研究－世界 Ⅳ．① D569

中国版本图书馆CIP数据核字（2014）第115174号

书　　名	幸福社会建设
作　　者	赵亮员
责任编辑	李少军
出版发行	国家行政学院出版社
	（北京市海淀区长春桥路6号 100089）
电　　话	（010）68920640　68929037
编 辑 部	（010）68928873
经　　销	新华书店
印　　刷	北京市昌平开拓印刷厂
版　　次	2014年6月北京第1版
印　　次	2014年6月北京第1次印刷
开　　本	787毫米×1092毫米　1/16
印　　张	10.5
字　　数	153千字
书　　号	ISBN 978-7-5150-1187-5
定　　价	21.00元

出 版 说 明

近年来，中国工业化、信息化、城镇化、市场化、国际化进程加快，国民收入稳步增长，经济结构转型提速。同时，中国进入了一个高风险的经济社会大转型、大发展时期，经济社会发展中不平衡、不协调、不可持续问题突出。其中，经济增长的资源环境约束强化、投资和消费关系失衡、收入分配差距较大、科技创新能力不强、产业结构不尽合理、城乡区域发展不协调、就业总量压力和结构性矛盾并存、社会矛盾明显增多等问题表现得尤为明显。此外，随着中国国际地位不断提升和多极化趋势的发展，地区争端增多和多边贸易中的利益纠葛等一系列问题的出现，都急需在政策层面给予回应。

事实上，当前中国面临的诸多"疑难杂症"并非中国独有，如行政效率的提高、公共资源的分配与监督，城市化进程中的建设与治理、多元文化的社会融合与社会和谐、新技术新传媒给政治生活带来的机遇与挑战、国际组织与国际条约体系对国内的多重影响等问题具有相当的普遍性。

发展中国家被这些问题困扰，发达国家也没有完全解决这些问题。所以，问题的普遍性或世界性，使得当代执政者在面临和解决这些问题时，必须具有国际视野和创新观念，而不能拘泥于既有的执政经验和套路，也不应囿于一地一国的有限资源。

面对这种种挑战，我国各级党政领导干部和公务员应具有较强的应对问题、开拓局面、保持稳定、推动发展的综合素质与能力，应不断地主动拓宽理论和知识视野，积极跟踪世界范围内最新而有效的解决问题的政治实践模式，谨慎探索和总结中国现实中的成功经验。同时，也更需要知识阶层积极研究中国社会转型期的新形势、新问题，为应对挑战、解决问题提供智力支持。

"政治前沿新知识文库"是基于上述设想而产生的。这套文库以"资政"为目的，以世界眼光和创新视角聚焦公共政策与治理、社会建设与发展、政党与政治权威、政府与新技术、经济发展与金融战略、国际问题与国际战略等方面的重大问题，将多学科研究的前沿知识与"国家治理"实践中的重要政治、政策问题结合起来，力图打通理论、政策和实践的边界，让理论和政策更好地源于实践、关怀实践。

本文库致力于提供解决现实问题的理论参考、世界经验和丰富案例，以中高级党政领导干部、公务员、政策研究与制定者为主要读者对象，致力于更新其理论视野，提升其执政能力，努力打造影响深远的出版工程。

应该说，本文库是国内知识界在政治前沿问题研究上的一次较为全面的展示，是力图将学术科研界的研究成果转化为政治实践的有益尝试。这套丛书在编写过程中摒弃了传统的体系性的学科知识介绍，而以针对性研究问题的方式出现，看似没什么章法，实则切中肯綮。它既是实践的探索，也是实践的总结，既是经验的浓缩，也是经验的拓展，既是理论的创新，也是理论的积淀。我们认为，不论最终效果如何，这种尝试对于中国转型期许多问题的深入研究，将提供一种新的解决问题的思路。

尝试诚可贵，然纰漏难免。我们也希望能够得到各方面的批评和建议，帮助我们完善这个文库，为读者提供更优质服务，为实现"中国梦"多出一份力。

政治前沿新知识文库编委会

2013年5月

目录

导论　幸福从何处来？／1

一、不同学科对于幸福的解释／3

二、幸福的个体和社会层次／4

三、幸福离不开财富，但不能仅靠财富／5

四、从经济、民生到幸福的过渡／7

五、幸福的范围应当是普遍幸福／8

六、幸福的测量及幸福社会路线图／9

七、幸福的维度及其在中国的实现／11

第一章　幸福观的内涵及其测量／14

一、中国的幸福观／14

二、西方的幸福观／18

三、幸福的测量／24

四、多元化的"幸福观"／28

小结／35

第二章　影响幸福感的因素 / 36

一、物质因素是幸福感形成的基础 / 38

二、非物质因素对幸福感的影响 / 42

小结 / 46

第三章　个人幸福与公共幸福 / 47

一、个人幸福生活离不开公共幸福 / 49

二、公共幸福最终要落实到每个个体的感受上 / 51

三、幸福是需要每个成员共建共享的共同的结合 / 52

小结 / 54

第四章　全面建成小康社会与"幸福路线图" / 56

一、幸福路线图 / 56

二、全面建成小康社会 / 60

三、和谐社会与幸福社会建设 / 62

四、中华民族伟大复兴与幸福社会建设 / 63

小结 / 65

第五章　地方政府——以公共幸福提升为施政目标 / 66

一、越来越受关注的国民幸福感 / 66

二、地方政府的幸福探索 / 70

小结 / 74

第六章　领导干部，为群众幸福而工作 / 75

一、各级党委是幸福社会建设的核心领导力量 / 75

二、党员干部要树立正确的压力观和幸福观 / 76

三、密切联系群众，践行党的群众路线方针是内在要求 / 78

四、在政府的领导下提高群众幸福指数 / 82

小结 / 86

第七章　GDP增长与幸福社会建设 / 87

一、我国经济建设历程与当前问题 / 87

二、GDP增长对幸福社会建设的重要性 / 92

三、如何构建幸福感与GDP同步增长的经济和社会机制 / 97

小结 / 100

第八章　生态文明建设与可持续的幸福 / 101

一、自然资源的保护与幸福社会建设 / 102

二、生态文明的制度建设 / 110

小结 / 112

第九章　幸福社会与民生建设 / 113

一、如何科学全面的认识民生问题 / 113

二、当代中国存在的民生问题现状 / 116

三、民生建设是幸福社会构建的重要组成部分 / 118

小结 / 121

第十章　幸福社会与文化建设 / 123

一、文化建设衍生出的幸福观 / 123

二、文化建设是幸福社会建设的重要方面 / 125

三、推进文化建设的现实路径 / 128

小结 / 132

第十一章　民主权利保障与群众幸福 / 133

一、我国的民主权利 / 133

二、保障民主权利是幸福社会建设的前提 / 134

小结 / 142

第十二章　创建良好的舆论环境，提升群众幸福感 / 143

一、舆论引导，增强群众幸福感 / 144

二、加强人文关怀，通过心理疏导增强幸福感 / 145

小结 / 149

结　语　共建共享共幸福 / 151

一、构造政府引导、社会组织协作、民众共同参与的格局 / 152

二、公平正义是幸福社会建设的应有之义 / 152

三、幸福社会建设是长期的过程 / 154

参考文献 / 157

导 论

幸福从何处来？

古往今来，追求幸福永远是人类的理想。为了追求幸福生活，诸多人孜孜以求；为了民族和人类的幸福，无数仁人志士舍弃了个人幸福，用汗水、热血换来民族、国家和人类的群体幸福。

哲人们对幸福的探讨也从未间断。从古希腊的柏拉图、亚里士多德，到中国古代的孔子、孟子，古今中外的哲人和思想家们，对于何为幸福、如何求得幸福的话题探索不止。

在古希腊哲学家苏格拉底看来，善、美德、幸福是同一的，善就是幸福，而美德使人善，使人得到幸福。知识和智慧使人获得美德、善和幸福。亚里士多德说，美德即知识，拥有了知识也便获得了幸福、德行的生活。德谟克利特曾说："人生的意义应以快乐为主，所以人该尽量愉快，摈除痛苦。""幸福不在于占有畜群，也不在于占有黄金，它的居处是在我们的灵魂之中。"德谟克利特认为幸福是精神幸福，而不是物质的幸福。古罗马时期哲学家塞涅卡说，幸福的生活，就是顺从自然，过符合自己本性的生活，意思就是我们要尊重自然，不违背自然，按照自然的规范进行自我修养。在中国先秦，哲学家杨朱也有类似的看法，主张"人生的幸福是追求个人的快乐"。中国古代的儒家和墨家都相信，个人的幸福和众人的幸福密不可分，而道家的代表，老子与庄周则信奉逃离社会的孤独给人带来幸福。各种宗教也试图劝诫信徒，如何积德行善，才可能获得来世进入天堂的资格，进而享受幸福生活。

到了近代,资产阶级思想家也对幸福的话题进行了探讨。功利主义者说,幸福就是趋利避害,功利主义原则也是"最大幸福原则"。人在本质上是趋乐避苦的,因而它是人类行为的指南,追求最大快乐以及将痛苦限制到最小的程度,这也是人类幸福的真谛。边沁认为,人生来就具有谋求幸福的欲望,这种欲望是他一切行为的基本原因,是终身都有的;用一般人的话来说,这便是人的利己心。密尔进一步补充,快乐不仅有量的区别,还有质的不同。利他主义者并不完全赞同追求私利是人幸福快乐的源泉。利他主义认为,在服务他人、帮助他人的过程中,人也能从中得到自我价值认同,获得幸福和内心的充实。

对幸福的追寻也是社会主义和共产主义者的价值和理想。早期空想社会主义者莫尔说:"我们的一切行动,应以快乐和幸福为最终目的。"我们的最终目的就是要"达到普遍幸福"。法国空想社会主义者巴贝夫说:"社会的目的就是为了全体人民的幸福,而幸福存在于平等之中。"著名空想社会主义思想家欧文说:"人类的一切努力的目的在于获得幸福。"而圣西门则又更为直截了当地说:社会主义制度就是"以实现普遍幸福为直接目的的社会制度"。[1] 可见,早期社会主义者已经提出,社会主义的最高价值目标,包括了普遍幸福。

马克思和恩格斯的著作中,也可以见到对于幸福议题的关注,他们关心资本主义条件下工人阶级获得幸福的可能性,也关心共产主义社会"解放全人类"以后,普遍的幸福问题。在马克思、恩格斯著作中,他们这样描述资产阶级的幸福观:他们所享受的物质生活实际"仅仅是我们的丑恶的制度所引起的表面上的享乐,它是和目前享受这些虚伪的特权的人们的理智和良心相矛盾的",因而也就"并不是真正的人生乐趣"。[2] 这种"一味追求'幸福',只想吃得好,喝的好","把丑恶的物质享受提到了至高无上的地位,毁掉了一切精神内容"的"更坏的享乐主义",实际只是一种"心甘情愿地丢掉人

---

[1] 圣西门,《圣西门选集》,1962年版,商务印书馆,第199页。
[2] 马克思,恩格斯,《马克思恩格斯全集》第2卷,1957年版,人民出版社,第626页。

的本性"的生活方式,[1]因而也就是缺乏真正的人生乐趣的生活方式。不仅如此,这种"幸福生活"同时又是以牺牲大多数人的幸福为代价的,而"经验称颂那些给绝大多数人带来幸福的人才是最幸福的"。[2]所以,马克思、恩格斯认为,既然资本主义同时也使资产阶级人士成为了金钱和物质的奴隶,并因此而失去了真正的人生幸福,那么,作为彻底的人道主义,社会主义自然也要努力使之获得解放,使之能"自由地发展他的人的本性",过上"真正的人的生活",实现真正的人生幸福。[3]

一、不同学科对于幸福的解释

在社会心理学家看来,人类幸福的源泉来自需求的满足。美国心理学家、社会学家马斯洛提出著名的需求层次理论,将人类需求的层次分为"生理需要"、"安全需要"、"情感和归属需要"、"尊重需要"和"自我实现需要"。"生理需要"是基础,是维持人类自身生存的基本需要,如衣食住行等是人类最原始、最基本的需要。丰衣足食就是满足了生理需要之后的幸福感。在生理需要得到满足之后,人就会产生"安全需要",如对空气、食品、治安等的安全需要以及免于失业、避免伤害等。人是社会性的动物,"情感和归属需要"能够满足人们的社会归属需求,希望得到友爱等。"尊重需要"可分为内部尊重及外部尊重,分别指自尊和他人的尊重。"自我实现的需要"则是个人的最高需要,要求实现个人抱负,施展才能等。

在经济学家看来,幸福是欲望的满足程度。美国经济学家保罗·萨缪尔森提出了一个"幸福方程式":幸福 = 效用/欲望。这里涉及欲望和效用两个问题。从这个方程式,我们可以知道,幸福与效用成正比变动、与欲望成反比变动;当欲望既定时,效用越大,越幸福;当效用既定时,欲望越大,越痛苦。

从以上的定义来看,幸福多是个人的感受,但幸福社会建设,从来都不

---

[1] 马克思,恩格斯,《马克思恩格斯全集》第 1 卷,1956 年版,人民出版社,第 636 页。
[2] 马克思,恩格斯,《马克思恩格斯全集》第 40 卷,1979 年版,人民出版社,第 7 页。
[3] 王占阳,《马克思恩格斯论普遍幸福》,人民网理论频道,2007 年 06 月 05 日。

是个人的事情。马克思主义认为，幸福是主观性与客观性的统一、是物质生活与精神生活的统一、是享受与劳动的统一、是个人幸福与社会幸福的统一。

这是因为，人是社会性的动物，人不可能脱离社会，从独居寡欢中获得幸福。美国管理学家梅约通过霍桑试验证明了：人是"社会人"，所谓"社会人"指以人类的社会需要（安定感、归属感、友谊、关心、尊重等）为动机，他们不仅有经济需要，而且有更为重要的、解决其积极性的社会需要，社会要不断满足社会中人对社会需求程度的增长。

二、幸福的个体和社会层次

社会生活是相互联系的整体，个人离不开社会，社会也是由个人组成的，因此，个人幸福与社会幸福在本质上是统一的，没有社会的幸福就没有个人的幸福，个人追求幸福的愿望只有在社会整体幸福不断增长中才能得到实现和保障。

人是社会性的动物，任何时代，脱离了民族、国家和社会的发展，个体的发展和幸福都是不全面、不可靠的。回顾近代中华民族的苦难史，由于内政不稳、国势衰败，无论个体处于何种社会地位，在面对外国侵略者时，都毫无幸福可言。可见，个体的幸福，离不开国家和社会的发展与和谐。只有国家和民族富强了，个人的幸福才有了坚强的后盾和可靠的保障。中华民族的复兴之梦的实现，也是每一位中华儿女追求幸福生活的最终目标。

另一方面，对个体来说，幸福与否是相对概念，所谓"昨怜破袄寒，今嫌紫蟒长"。社会学中关于群体行为的"相对剥夺"理论说的就是这种感觉。"相对剥夺"是指当人们将自己的处境与某种标准或某种参照物相比较，而发现自己处于劣势时，就会产生受剥夺感。"参照群体"有多种，可以是某一群体，也可以是自身。受剥夺感会产生消极情绪，表现为压抑、愤怒、怨恨或不满等，在一些外界环境刺激下，很有可能引发群体行动。有时，即使某一群体本身的处境已有所改善，但如果改善的程度低于其他参照群体的改善程度，相对剥夺感也会产生。简单而言，相对剥夺是一种感觉，这感觉是我们有权享有但并不拥有。参照群体不同，无论物质生活多么丰富，总会有"端起碗吃肉，放下碗骂娘"的群体，这从侧面也凸显了关于"幸福"的复杂性。

总之，幸福的概念是一个统一的有机整体，是理性与感性、质与量、共建与共享、个人与社会的统一；不能仅仅包括对生活满意度的评价，还应该包括人生价值以及自我潜能的实现，也包括对社会的贡献和与社会的融合程度。从这种意义上讲，幸福社会，也包含了幸福家庭、幸福事业、幸福校园等多层次的内容。

三、幸福离不开财富，但不能仅靠财富

首先，富足的物质条件是幸福社会的基础。缺衣少食，无论如何都是谈不上幸福的。古人言："仓廪实而知礼节，衣食足而知荣辱。"说明了物质基础的重要性。改革开放前的社会主义建设探索曾经走过弯路，"宁要社会主义的草，不要资本主义的苗"，计划经济没有满足人民群众的生产生活需要，各种生活物资要靠票证供应。改革开放后，树立了"贫穷不是社会主义"的观念，各项工作以经济建设为中心，进入21世纪，我国的国内生产总值相继超过德国、日本，成为仅次于美国的国家，这些经济建设打下的物质基础，使得幸福社会建设成为可能。

其次，虽然收入和财富对幸福感的作用影响明显，但也不是完全等同的。回顾历史，自18世纪工业革命以来，西方社会国民收入经历了前所未有的持久增长，但人们的幸福感并没有得到相同比率的持续增长。在新兴的发展中国家或转型期国家，国民经济的增长在某些时候与国民的幸福感甚至是负相关的关系，也就是说，经济的增长并没有带来幸福感的提高，某些时候甚至会下降。20世纪70年代，美国经济学家伊斯特林将这种国民幸福感与一国的经济收入并不完全成正比的形象称之为"幸福悖论"。通常在一个国家内，富人报告的平均幸福和快乐水平高于穷人，但如果进行跨国比较，穷国的幸福水平与富国不相上下。

在国内，改革开放之后形成的"以经济建设为中心"，使得各级政府均是"经济先行"，唯GDP行事。热衷于各种形象工程，忽略了百姓更关心的出行通畅；热衷于建高楼大厦、宽阔马路，忽略了百姓更关心的路灯、公厕；

热衷于商业开发，忽略了图书馆、幼儿园等；热衷于招商引资，忽视了闲暇、教育、健康、家庭等。这就导致了另一个极端：财富越来越多，幸福感却没有增加，甚至可能降低。

无论是横向比较还是纵向比较，这种看似"矛盾"的现象时有发生。据世界价值观调查的数据，中国1990年国民幸福指数为6.64（10为满分），1995年上升到7.08，但2001年却下降到6.60。此外，国内学者研究发现，各省份的经济发展水平与居民幸福感之间也没有明显的关联，北上广等经济发达地区的人们，在各种幸福指数排行榜上，往往并不能占据前列。近些年的一些社会调查发现，农村居民的幸福感要高于城市居民。初一看似乎不合理，但数据背后是有原因的，那就是尽管城市居民的平均收入远高于农村居民，但生活的具体环境不一样，城市居民可能要面对高物价、道路拥堵、环境差、压力大等方面的问题，因此并没有比农村居民感受到更高的幸福。

事实上，财富与幸福感之间，存在着复杂的关系。这些关系归纳起来主要有三点。

第一，影响幸福感的原因很多，财富只是其中的部分因素。另外一些因素，虽然GDP统计中无法准确反映这些因素，但它们对幸福的影响至关重要。例如，环境、闲暇和心理压力。想象一下，如果是呼吸着污浊的空气，喝着劣质的水，生活在纷繁嘈杂的环境中，工作生活快节奏、闲暇时间少，人际间摩擦多，工作压力大，即使坐拥万贯家产，这样的生活也丝毫谈不上幸福。

第二，不同收入阶段，收入与幸福的关系不同。具体而言，收入水平高且分配相对公平的国家，国民幸福指数也会相对较高。尤其是当收入水平起点较低时，人们的幸福指数会随着收入增长和财富增加而增长。但是，随着收入的进一步增长，幸福感与GDP增长的关系逐渐呈弱相关状态。从国外经验看，人均GDP超过5000美元后，收入的增长不一定能带来幸福感的增长。

第三，财富分配过程中的公平公正也会影响到幸福。如果分配不公，财富只是集中在少数人手里，那幸福感下降也就是情理之中的事情了。也就是说，"蛋糕"做大了，如何"切"也会影响到民众感受到的幸福。很明显，如果付出同样的劳动，获得的报酬却要少很多，那断然是感受不到幸福的。

改革开放初期，政府提倡"让一部分人先富起来，先富带动后富，最终实现共同富裕"。当前，步入改革的深水期，各种利益关系复杂化，共同富裕的理想在现实贫富差距扩大的情况下似乎渐行渐远。因此，在强调市场在配置资源中的基础性作用，在国民经济的初次分配中注重效率的同时，二次分配时更加注重公平的要求也越来越成为社会的呼声、政府的方针政策。

十一届全国人大三次会议表决通过的政府工作报告中，明确提出："保护合法收入，调节过高收入，取缔非法收入。"这说明，只有让民众生活在公平正义的阳光里，幸福生活才有可能实现。例如，经济学者研究发现，教育、医疗和社会保障等"亲贫式支出"是解决"幸福悖论"的一个重要手段。这是因为亲贫式支出是通过税收对资源的重新配置，它能够将竞争性十分激烈的私人消费转移到几乎人人都能共享的公共支出，降低了由攀比效应带来的幸福损失，从而有利于幸福感的提升。[1]

四、从经济、民生到幸福的过渡

从立党之初，中国共产党就为着民族独立和解放事业而苦苦求索，最终，经过艰苦卓绝的新民主主义革命阶段的努力，推翻了封建主义、帝国主义和官僚资本主义"三座大山"，实现了民族和国家独立。经过社会主义革命和建设阶段的不懈探索，尤其是改革开放以来，国民经济和人民生活发生了翻天覆地的变化。

步入21世纪后，中国人民在向着幸福生活的道路上步伐坚定而又稳健：取消延续了几千年的农业税，农民种地，国家直接给补贴；实现了真正意义上的免费"义务教育"，在乡村义务教育免费之后，城市义务教育也实现免费，在城市义务教育免费之后，农村孩子又有了免书本费和杂费，补贴住宿费；新农合、新农保、城镇职工保险、城镇居民保险，各种社保网络越织越细、"网"住的人群越来越多，提供的保障也越来越坚实可靠。

在具体的工作中，各级政府不再唯国内生产总值（GDP）马首是瞻，民生、

---

[1] 鲁元平，张克中，《经济增长、亲贫式支出与国民幸福——基于中国幸福数据的实证研究》，经济学家，2010年11期。

绿色、幸福逐渐成为了各地党政机关行文、报告中的热门词汇。

毫无疑问，政府对民生问题的重视，进而对民生和社会问题的持续关注和改善是民众感受幸福的开端。买不起或租不起房、看不起病、孩子上不起学、工资收入低、生存压力大、养老无保障，这些民生问题解决不好，民众无论如何也是感受不到幸福的。多年的党中央"一号文件"直指三农问题，教育、医疗、社保等各项民生议题被放到了前所未有的高度。可以说，以人为本的民生工程建设赢得了民心、民意。相比民生工程，幸福的议题涵盖的范围应当更广泛。因为，有诸多精神文化领域的内容，虽与民生有关，但与幸福的关联更密切。

各地对幸福社会建设积极探索，"幸福山东"、"幸福江阴"等屡见报端，大有将幸福指标取代 GDP 指标之势。截至 2012 年 10 月底，据媒体不完全统计，全国至少 18 个省市区明确提出了"幸福社会"的概念。2011 年的数据则显示，已有 100 多个城市提出，要建设"幸福城市"。"幸福"正成为诸多地方的施政目标。[1] 伴随着央视一句"你幸福吗？"的追问，2012 年，"幸福"再次成为中国大地上的热门话题。

五、幸福的范围应当是普遍幸福

从改革开放初期提倡的"共同富裕"，到如今更加强调"发展成果由全民共享"，可以看出，无论何时，我们所追求的幸福，总是要带着一个词，那就是"全民"。

从某种意义上说，以人为本就是以人类社会个人普遍幸福为本。现阶段，我们追求社会主义，实际就是追求我们每一个人的生活质量的提高，就是追求我们每一个人的人生幸福的实现，就是追求只能以普遍幸福为条件的更高水平的幸福生活，就是追求全体社会成员普遍幸福的理想境界。

18 世纪英国著名伦理学家边沁提出了"最大多数人的最大幸福"原则，他主张这一原则应当成为我们立法与道德的基础，并因此在 18 世纪的欧洲

---

[1]《"幸福社会"成多地施政目标》，新京报，2012 年 10 月 30 日。

掀起了一场快乐主义思想运动。歌曲《东方红》中唱的"为人民谋幸福"就是要为最大多数人谋幸福。

那么，对于什么是个人的幸福，什么是社会幸福，如何建设幸福社会，这就涉及幸福的测量以及幸福社会建设的具体路径。

六、幸福的测量及幸福社会路线图

对社会幸福度的衡量，研究最多的是由不丹王国创造出的由政府善治、经济增长、文化发展和环境保护四级组成的"国民幸福总值"（GNH）指标和英国萨拉·凯特·坦普尔顿提出的国民快乐总值（GNH），英文全称为Gross National Happiness，即用于计算某个地区民众对日常生活的满意程度。[1]

学术界对于幸福的探讨也经历了一个演变。测度幸福指数的方法主要为三种：主观指标体系：不丹、英国、经济合作与发展组织（OECD）、世界价值观研究所、新经济基金会等，均采用此种方法，其主要通过调查问卷和访谈形式，测度被访问者的生活满意度（收入、就业、健康、休闲等），以及对社会、生态环境、政府治理等方面的主观评价。这种评价体系，优点为能够较为全面地反映受访者的主观幸福感，但是由于受访个体受到受访时的状态以及对幸福的理解等内外部因素的干扰，调查结果的可信度容易受到学术界的质疑。

客观指标体系：联合国的千年发展目标、联合国开发署的人类发展指数、荷兰社会研究所的生活状况指标等，均采用此种方法，其主要通过客观统计指标通过计算公式的客观评价法，反映居民的生活条件状况，如卫生、教育、环境、寿命、生活质量等。但统计指标资料很难反映出如对工作的满意度、对婚姻的满意度、对政府治理的满意度、生活安全感受等等。

由于单纯的主观指标和客观指标存在着以上不足，主观与客观指标结合的办法逐渐为更多的实务工作者所采用，例如：法国经济发展与社会衡量委员会的幸福与经济发展测度、中国民生指数等，采用主观与客观结合评价法，

---
[1] 王鲁捷，汤云刚，《和谐社会的社会幸福度研究》，南京航空航天大学学报（社会科学版），2007年02期。

这种方法弥补了前两类方法的不足，但是存在着主观评价与客观评价之间的权重协调问题。

有鉴于幸福既是个体感受，同时又是个社会问题。有关幸福的理论和实践把幸福划分成主客观两个方面。前者试图建立个人层面社会幸福度指标体系，目的是从社会幸福度的直接感受者——民众的主观体验中分析出社会幸福的真实程度；后者则是建立社会层面社会幸福度指标体系，立足评价社会管理的主要责任人——政府的实际管理效能，评价主体是民众，评价对象是政府。

应该看到，追求幸福的过程就是一个多元的、动态的过程。随着经济的发展和个人收入的增加，人们会有新的期待，这时候继续发展经济只能在一定程度上解决人民提升幸福感的诉求，但不能完全解决。因为人们追求的目标不是单一的，除了物质财富，人们还追求实现自我价值、获得社会声誉、提升社会地位等非物质目标。拥有物质财富不等于实现了社会地位等非物质目标。因此，幸福社会的建设注定是一项宏伟、复杂的系统工程。

为了满足人民群众实现幸福美好生活的愿望，党和政府的理论和实践探索从未止步。2003年，党中央提出"科学发展观"，即"坚持以人为本，树立全面、协调、可持续的发展观，促进经济社会和人的全面发展"，按照统筹城乡发展、区域发展、经济社会发展、人与自然和谐发展、国内发展和对外开放的要求推进各项事业的改革和发展。2005年，党中央提出将"和谐社会"作为执政的战略任务，建设"民主法治、公平正义、诚信友爱、充满活力、安定有序、人与自然和谐相处"是和谐社会的主要内容。2007年，胡锦涛总书记在十七大报告中提出，必须在经济发展的基础上，更加注重社会建设。在坚持以经济建设为中心的基础上，适时地将社会的全面发展和完善作为科学发展的基本目标。2011年，党的十八大报告丰富了社会主义建设的具体内涵，"五位一体"的表述为幸福社会建设指明了方向，而"到2020年，实现国内生产总值和城乡居民人均收入比2010年翻一番"的具体目标提出，更是让中国人民的幸福梦越来越清晰。

七、幸福的维度及其在中国的实现

对幸福的测量也不能走入数字的误区,而应当多从百姓身边的小事做起,从对弱势群体的关注做起。什么是幸福美好的生活,什么是"中国梦","中华民族的伟大复兴"?光看数字还不够,老百姓的切实感受才是最重要的。

社会发展的原动力是人,是人的需要和利益,而自由和发展是人的最基本需要和利益。社会主义社会发展的根本目的,就是要促进人的全面而自由的发展。因此,坚持以人为本,才能形成人的发展与社会各方面发展的和谐统一和相互促进,才能真正有效提高国民的幸福水平。以人为本正是党的十六大以来党中央突出强调的一个重要思想和基本要求。党的十七大报告进一步提出,科学发展观第一要义是发展,核心是以人为本。并且指出,社会建设与人民幸福安康息息相关,必须在经济发展的基础上,更加注重社会建设,着力保障和改善民生。从一定意义上说,科学发展观就是人民幸福观。[1] 2010年的两会《政府工作报告》提出,要"让人民生活得更加幸福、更有尊严"。

习近平总书记在新常委见面会上提到:"我们的人民热爱生活,期盼有更好的教育、更稳定的工作、更满意的收入、更可靠的社会保障、更高水平的医疗卫生服务、更舒适的居住条件、更优美的环境,期盼着孩子们能成长得更好、工作得更好、生活得更好。人民对美好生活的向往,就是我们的奋斗目标。"最近召开的中央政法工作会议上,习总书记又提出,要让人民群众在每一个司法案件中都能感受到公平正义。

结合我国国情,幸福社会是要实现最大多数人最大的幸福需求,融物质基础、尊严保障、个性彰显、精神愉悦和社会支持的高度协调发展的社会。需要经济、政治、文化和社会之间的协调与良性发展。社会幸福不仅要重视经济增长指标,而且要重视人文指标、资源指标、环境指标和社会指标,坚持把经济增长指标同人文、资源、环境和社会制度发展各指标有机地结合起

---

[1] 胡鞍钢,《科学发展观就是人民幸福观》,人民日报,2014年04月01日。

来并考虑到社会各层级人的理想与追求。[1]

以江苏江阴为例,在2006年6月提出"幸福江阴"构想时,江阴市确定了到2010年,人均GDP在2005年基础上翻一番的目标,除此而外,江阴还提出力求"个个都有好工作,家家都有好收入,处处都有好环境,天天都有好心情,人人都有好身体"的幸福指标。江阴的"幸福"指标,不仅包括了政府高度重视的GDP数据,还涵盖了老百姓的工作、收入、环境、心情、身体等民生需求。

湖北省在编制幸福指数统计指标体系时,把影响幸福指数的要素归并为健康状况、经济状况、家庭状况、职业状况、社会保障、文化教育、环境条件7个方面。

再来看广东的情况。"建设幸福广东",即是坚持以人为本,维护社会公平正义,保护生态环境,建设宜居城乡,改善社会治安,保障人民权益,畅通诉求表达渠道,满足人民群众文化需求,从而强化转型升级的目的依归和价值导向,使转型升级成果更好地转化为人民群众福祉。在"建设幸福广东"提出的当月,广东就启动了幸福广东指标体系的研究和编制工作。2011年3月,指标体系面向社会公众征求意见。在反复的争辩、研讨当中,各方诉求得到充分表达,民众呼声得以充分吸纳,"幸福广东"的理念逐步深入人心,什么是"幸福广东"也越辩越明。如今,幸福广东指标体系由客观指标和主观指标两部分构成。客观指标体系称为"建设幸福广东评价指标体系",将全省21个市按珠三角和粤东西北分为两类地区,并分别设置类别指标和差别权重。主观指标体系称为"广东群众幸福感测评指标体系",主要是反映群众对幸福广东建设实现程度的感受。[2]因此,在"为人民谋福祉"的具体施政过程中,来自民意的"幸福是什么"也至关重要,将老百姓自己觉得影响幸福的指标纳入到政府的方针政策中,才是真正的"为人民谋福祉"。

虽然以上各地的具体实践有所不同,但能看到,在这些幸福社会建设积

---

[1] 王鲁捷,汤云刚,《和谐社会的社会幸福度研究》,南京航空航天大学学报(社会科学版),2007年02期。

[2] 幸福广东指标体系专题,广东省政府网站:http://www.gddpc.gov.cn/xxgk/rdzt/xfgdzbtx/。

极探索活动的背后，贯穿了关注民生、公平正义的理念，体现了对教育、医疗、社保等各项社会事业的重视。

本书根据从理论到实践，由一般到具体的原则，共分四部分。

第一部分是有关幸福的历史和理论，包括第一、二、三章。从幸福观的演变说起，回顾了历史上的哲人和思想家们对幸福的理解，以及如何达到幸福的分析。

第二部分是中国幸福社会建设概况，包括第四、五、六章。分别呈现了幸福社会建设的路线图概述，地方政府和各级公务员及领导干部的职责所在。

第三部分是幸福社会建设的不同侧面，包括第七、八、九、十共四章。分别对应了经济建设、生态文明建设、民生建设和文化建设。

第四部分是幸福社会建设的保障，包括了第十一、十二章。从民主权利保障、良好的社会舆论氛围对幸福社会建设的作用展开陈述。

第一章

幸福观的内涵及其测量

幸福既是人类永恒的追求，也是人们普遍关注的一个常谈常新的话题。在本书的导论中我们回顾了中西方各位学者对幸福这一概念的不同解读。简单来讲，幸福是指人们在创造物质生活和精神生活条件的实践中，由于目标和理想的实现而感到精神上的满足，幸福观是人们的世界观、人生观的反映。由于我们每一个人的生活价值目标不同，所以也就拥有各自不同的幸福观。不同的阶级、年龄阶段、生活方式、等都会造就不同的幸福观。由于幸福观问题的极端重要性，无论是在东方还是西方人类思想史上，几乎所有的哲学家、思想家对究竟什么是幸福的问题都进行过思考，提出过自己的见解。

一、中国的幸福观

中国传统文化博大精深，蕴含着丰富的精神资源。文化建构了幸福观并塑造了个人幸福的主观经验，文化也因此为人们设定了幸福的不同来源与条件。[1]在全球化浪潮扑面而来，西方价值观受到追捧的当今社会，讨论中国传统文化在幸福观问题上的思想和观点，对于追求幸福生活的中国人来说，具有重要的参考价值。例如，生育文化中的"不孝有三，无后为大"、"慎终追远，民德归厚"、"祖宗祭祀"、"养儿防老"、"无子富不久，有子穷不长"、"传

---

[1] 陆洛，《华人的幸福观与幸福感》，心理学应用探索，2007年09期。

香火"、"百善孝为先"等都是一种幸福观的摸索与结论。儒家文化所倡导的幸福观在中国传统伦理文化中占有统治地位，对中国人追求幸福生活的影响最为深远。

（一）中国传统幸福观

1. 民间幸福观和"五福"幸福观

中国传统文化里，无论是封建帝王还是芸芸众生，长寿都是中国人极端关心的永恒主题，显示了中国人对生命价值的重视。事实上，人生的幸福都必须建筑在生命的基础上，没有了生命，幸福便无从谈起。因此，在中国民间传统的幸福观中，长寿之福是最受重视和推崇的。

民间幸福观中，除了长寿以外，幸福观与实现个人价值和家族兴盛联系在一起。中国追求人丁兴旺体现了古代民间对幸福的一种理解，而这样的幸福还需要在"高官厚禄"中得到充盈。"禄"有追求功利和社会地位的含义[1]

中国传统文化对幸福观问题的系统探讨，始于春秋中叶的《尚书·洪范》。《洪范》原是商代贵族政权总结出来的统治经验。"洪范"即统治大法。该文提出了"五福"的概念，包括："长寿、富足、健康平安、爱好美德、善终正寝。"这一思想直接影响了中国古代传统幸福观的发展。

2. 儒家德福一致的幸福观

在中国传统社会中，幸福感不是一种单纯的感觉，不是单独的"乐"或者"福"，它往往与"善"、"美"紧密联系在一起。传统儒家幸福观主张"德福一致"，认为道德与幸福内在融于一起。认为人生的幸福体现在个人的善行之中，人们不断提升个人美德的过程就是追求幸福的过程。此外，儒家主张仁爱幸福。这一观点与"德福一致"存在着内在的联系，因为美德要求人们不能只注重个人的幸福，而应当将个人的幸福融于社会的整体利益和整体之中。仁爱幸福体现的是"自我独乐不如与民同乐"的幸福境界，实行仁爱的方法是推己及人，将心比心，老吾老以及人之老，幼吾幼以及人之幼，最终实现普天下人的共同幸福。这与影响中国人生活方方面面的佛教所倡导宗

---

[1] 蒋颖荣,《中国传统文化中的幸福观》,思想政治工作研究,2011年01期。

旨一致，即个人在修行成佛的同时，要救度苦恼的众生，尽一己之力协助他人达到幸福境界。

3. 道家合于自然的幸福观

与儒家幸福观不同，道家主张自然的幸福，认为万物的本然状态是最好的状态，一个人是否享有真正的幸福，不是看一个人是否拥有财富、地位和知识，也不在一个人是否具有他人所尊崇的德行，而在其是否合于道或自然，如果顺应自然之性，就能得到最大幸福，所谓"与天和者，谓之天乐"。

老子认为，幸福与不幸的关系是辩证的，是互为基础又是可以相互转化的。正所谓："祸兮福所倚，福兮祸所伏。孰知其极？其无正邪！正复为奇，善复为妖。人之迷，其日固久。"道家告诫人们，在现实的生活中，不必太在意一件事情在当下来说是祸或是福，从辩证的思维看，一种因素中往往潜伏着对立的另一因素，祸与福双方是可以转化的。怎样理解祸与福的这种辩证关系，是获得人生幸福的基础。老子进一步阐述道："祸福无门，唯人所召。"意思是，祸、福虽难以预测，但可以依靠人的努力去转化和维护，从而在祸福面前形成更为平和的心态，达到一种坦然而和谐的幸福状态。

（二）新时代的幸福观

1949 年，中华人民共和国成立，尽管面临各种国内外困难，但摆脱了阶级压迫和国外殖民势力压迫的中华儿女万众一心，投身于火热的新民主主义建设和社会主义改造事业。到了 20 世纪 50 年代后期，社会主义"四大件儿"悄然兴起。"三转一响"的缝纫机、自行车、手表、收音机，是当时能让人引以为豪的物件儿。随着改革开放的深入，中国经济的飞速发展，"四大件儿"也随着时代的变迁不断地被替代为"彩电、冰箱、洗衣机、录音机"和"手机、电脑、汽车、房子"等。

新中国成立以后到改革开放之前，中国人的幸福观与当时国家的政治生活和经济制度紧密相连，个人的幸福烙上了鲜明的时代印记。那一时期整个社会的价值观是以政治挂帅，"重政治、轻生产"，"重思想、轻利益"，"不算经济账、只算政治账"，"越穷越革命、越穷越光荣"，"不计劳动报酬、只讲政治觉悟","以阶级斗争为纲、反对生产力论"……这些口号主宰了那个年代的国家政治生活和经济生活，使得个人的利益追求受到抑制，个人的自主性得不到发展，个人的日常生活几乎都由国家按计划统一安排，个人对幸福的理解和追求，也就变成了对这些口号的服从和响应，凡是与这些口号相抵触的个人幸福追求都被当作错误的甚至是反动的行为。因此，在那个年代，人们似乎淡忘了对物质生活的追求，只能满足于国家给个人安排好的一切。因为如果有人试图在国家安排的基础上对个人的生活境遇做一点点改变，那么，就会面临"境界不高"、"争名争利"、"见利忘义"、"贪图享受"等指责和批判。不论个人真实的心理感受和愿望到底如何，个人幸福在政治挂帅的主导下，实际上变成了服从的代名词，服从组织安排就是幸福。在当时的普通人看来，政治上进步，比如入党、受党组织表彰等就是最大的幸福。[1]

改革开放以来，中国人的幸福观发生了两个方面的重要转向：一是注重物质生活的幸福。当个人通过合法的劳动能够得到相应的物质回报并不断改善自身的生活水平时，个人的幸福感就不仅仅是享受物质生活自身，更重要的是对未来的幸福充满信心和期待。二是注重个人感受的幸福。改革开放带来的最大变化，就是对个体权利的尊重，克服了长期的计划经济体制下，对个人正当权益的忽视。

改革开放三十多年来，我国人民物质生活水平大为提高，伴随而来的价值观和生活方式的变迁对当代中国人特别是青年人幸福观的形成产生了重大影响，中国人产生了新的选择困惑和幸福困惑；当前世界各国在关注经济发展的同时，越来越将注意力转向国民幸福问题，中国政府对此问题的重视程度也不断加强，国务院前总理温家宝就曾经指出"要让人民生活得更加幸福、更有尊严"，将提升国民的幸福感作为一项涉及民生的重要工作。今天重提中国人的幸福观，既是时代发展的新要求，也是党和政府关注民生的新表现。

进入 21 世纪，面临着经济知识化和经济全球化洪流的严重冲击，中国经济进入了一个大调整、大转折、大变化、大发展时期。世纪之交的中国经

---

[1] 孙春晨，《中国人幸福观的演变》，政工研究动态，2008 年 23 期。

济已进入全面、快速工业化阶段。随着物质的日渐充裕，人们不再仅仅满足于物质上的充实，开始注重精神上的幸福；伴随着全面建成小康社会步伐的加快，对公平正义的追求也成为幸福社会建设的原则要求。

二、西方的幸福观

在西方，除了宗教幸福观而外，基本上可以分为理性主义和感性主义两大派别。理性主义强调理性的作用，贬低感性的作用，主张抑制欲望，追求道德的完善和精神上的幸福；感性主义则强调人的自然欲望的重要性，贬低理性的作用，主张在感官、感觉的快乐体验中享受生活。

苏格拉底对幸福的理解是善，善就是美德，美德使人得到幸福；塞涅卡认为，要想过上幸福的生活就要顺从自己的本性，顺其自然地活着；亚里士多德的幸福观点基本路人皆知，就是"美德即知识"；德谟克利特的幸福观点就是人要快乐的活着，保持愉悦的心情；爱尔维修则提出"教育万能论"，他重视道德教育和科学知识的教育，认为知识能使人们获得幸福和自由。他们的这些观点都在西方思想史上产生过深远影响。

（一）亚里士多德与康德

1. "幸福是心灵合于完全德行的现实活动"

亚里士多德关于幸福的学说在《尼各马可伦理学》一书中有专门的论述。其主要的观点可以概括如下：

（1）幸福是终极目的。他认为：每种技艺、每种学科，或者每个经过思考的行为和志趣，都是以善为其目的的。在亚里士多德看来，最后的目的就是至善，而至善就是幸福。（2）幸福是心灵合于完全德行的现实活动。因为至善就是幸福，所以，"幸福就是心灵合于完全德行的现实活动"。（3）要获得幸福，必须奉行中庸之道。在亚里士多德看来，德行就是用以调适情感和行为的。过度与不及是恶的特点，而适中则是德行的特点。一句话，德行就是贯彻中庸之道。（4）幸福是实践的果实。亚里士多德认为，一个人光有德行还不够，还必须要把德行付诸现实活动。（5）幸福不是一时一事的事，终身幸福才能算作真正的幸福。亚里士多德说：一个燕子一个暖日不能构成春天，一日或一短时，也不能使人成为幸福快乐的人。（6）幸福还需要好的外在条件为助。[1]

　　亚里士多德的幸福观既有崇高的道德性，又有很强的现实指导性。这种幸福观有利于引导人们通过理论思维和哲学思考去追求真理，在理智的主宰下，使生命获得最高的幸福；也有利于引导人们注重养成良好的行为习惯，按中庸原则行事，作明智的适当的选择，避免走极端，在和谐中保障幸福，享受幸福；还有利于引导人们破除迷信，破除宿命论观念，积极进取，勇于实践，在实践中主动地寻找幸福，体验幸福。

　　2. 康德的幸福观

　　康德，德国哲学家、天文学家、星云说的创立者之一、德国古典哲学的创始人，德国古典美学的奠定者。在康德的著作与言论中，他并没有很直接地讲述到幸福观，但其中的很多哲学思想与幸福却是紧紧相连：

　　（1）关于人的自由本质："人是理性的存在物，理性使人能够驾驭、主宰自己的自然欲望，摆脱欲望的束缚而获得自由。"显而易见，这是在说，一个人足够随心所欲的前提是能够驾驭和控制自己的欲望，自由即是幸福。这应该和现在很多人的幸福观不谋而合，我们都渴望能在该走的时候走，想留的时候留，需要什么东西的时候自己有能力可以得到。康德早早地就总结出了大多数人内心真正的幸福的真谛。

　　（2）关于人的道德行为的动机："有两种东西，我对它们的思考越是深沉和持久，它们在我心灵中唤起的惊奇和敬畏就会日新月异，不断增长，这就是我头上的星空和心中的道德定律。"它出自康德的《实践理性批判》最后一章，也是康德的墓志铭。这算是康德在哲学思想史上终其一生的追求，肯定道德定律的重要性也就是肯定理性思维在人生中的重要地位，在理性生活和思考的同时也不要忘了头顶上那片美丽的星空，这大概也是康德想要向世人传达的一种幸福理念，我们既要脚踏实地也不要忘了仰望星空，在遵循

---

[1] 周辅成，《西方伦理学名著选辑》，1996年版，商务印书馆，第292页到333页。

某种约定俗成的机制生活的同时也不会忘了享受生活的美好。这就是幸福，会创造也会享受的幸福观。

（3）关于幸福的实现："有学问，然后有先见；有先见，然后能力行。"要想实现幸福，就要有足够的思考力，但光有想法是不够的，还要身体力行地去实现想法，这才是真正地行走在通往幸福的道路上。

（二）德谟克利特和伊壁鸠鲁

1. 德谟克利特的幸福观

什么才是幸福？德谟克利特认为节制享受、灵魂安宁就是幸福。"人们通过享乐上的有节制和生活的宁静淡泊，才能得到愉快。"德谟克利特认为，心灵的享受是圆滑和精致原子作用的结果，是真正的幸福和快乐；而一味追求物质享受，则是虚假的幸福和快乐。前者是崇高和永久的，后者是低级和短暂的。人生的目的和准则，就是求得精神的幸福和节制物欲。德谟克利特的快乐和幸福的观点，既不同于唯心主义的观点，即精神就是一切，也不同于庸俗的享乐主义，而是一种合理的幸福主义，在节制基础上的快乐主义。

从德谟克利特的幸福观反观现实生活，很多人永远不知道为已经拥有的东西感到满足、感激、欣慰，以致幸福感在无尽的欲望中逐渐消失，最终跌入欲壑难平的深渊。

2. 伊壁鸠鲁的幸福观

伊壁鸠鲁认为，人类行为的目的就是从痛苦和恐惧中解放出来，求得快乐。快乐是幸福生活的目的和开始，是善的唯一标准。一切导致快乐的就是善，导致痛苦的就是恶。美德只有同快乐联系起来才有价值。伊壁鸠鲁把快乐区分为自然的和非自然的，认为前者是适度的、健康的，后者是过度的、令人厌恶的。感性快乐是基础，但精神的快乐高于感性的快乐。这种快乐就是"肉体的无痛苦和灵魂的无纷扰"，亦即"不动心"的至善状态。他还强调，肉体的快乐大部分是强加于我们的，而精神的快乐则可以被我们所支配，因此交朋友、欣赏艺术等也是一种乐趣。自我的欲望必须节制，平和的心境可以帮助我们忍受痛苦。

伊壁鸠鲁这种感性的幸福观则更加注重心灵上和精神上的幸福，它与德谟克利特的幸福观一脉相承，心灵的快乐我们可以控制，幸福需要自己去把握。

（三）西方当代的幸福图景

每个人都想得到幸福。苏格拉底有一次问他的学生："难道不是所有的人都追求幸福吗？"他的一个学生回答："没有人是不渴望幸福的。"如果苏格拉底的观点正确的话，那么可以肯定的是，一个国家想要使它的人民满意，至少应该创造条件使它的人民能够最大限度地追求幸福。幸福不是模糊的概念，同生命和自由一样，幸福也是联系上帝和国家命运的纽带，人民追求和获得幸福的能力，是衡量国家效能和道德水平的尺度。

1. 美国人的日常幸福

综合实力排第一的美国，其民众的幸福感被很多人认为高于其他贫穷国家。一部分美国人确实变得更富裕了，他们有更好的条件去追逐自己的梦想。但另一方面，也有一部分人认为还是以前好，比如小孩在室外玩耍不用担心遭到绑架等，而现在的生活却面临着很大的压力，资金困难、工作环境差以及慢性病困扰等等。多年来美国的平均幸福水平基本保持不变，联邦评价研究中心的社会普查结果显示：在1972年，有30%的美国人认为自己很幸福；在1982年，认为自己幸福的有31%；到2006年，也是31%。认为自己不够幸福的人所占的比例多年来基本稳定在13%左右。那影响美国人生活幸福感的因素有哪些呢？[1]

（1）工作方面。"如果今天中大奖了，你会不会放弃工作？"2002年，针对一份调查问卷中的一道题目："如果你已经有了足够多的金钱可以舒适地度过下半辈子，你会放弃工作吗？"1000多位美国人之中只有不到三分之一的人说"会"。

与普遍看法不同的是，大部分美国人都喜欢工作，甚至于热爱。2002年，有高达89%的人说他们对现在的工作很满意或是比较满意，他们中有学历

---

[1] 阿瑟·C. 布鲁克斯，《美国人的幸福要素》，现代交际，2008年12期。

和工资都很高的白领,也有学历较低的或是在私人公司、公益组织或政府部门中工作的职工。对于大部分美国人而言,工作满意几乎就等同于生活满意。在那些声称非常幸福的美国人当中,有95%对他们的工作也很满意。此外,满意的工作似乎会带来一种整体的幸福感,这是其他因素无法比拟的。

（2）信仰方面。大约85%的美国人信仰宗教,将近三分之一的美国人每周都参加礼拜。这些数据几十年来几乎未变。与其他国家相比,美国的宗教活动水平是非常高的,比如说,在荷兰,每周上教堂的人只有9%;在法国,只有7%;而在拉脱维亚,则只有3%。

总之,信教的人比不信教的人幸福。2004年的美国社会调查结果显示,无论是信仰基督教、犹太教还是其他宗教,有43%的信教者认为自己很幸福,而非信教者感到幸福的比例只有23%。同时,感到生活失意的非信教者比例是信教者的两倍。2004年,每天都祈祷的人有36%认为自己很幸福,而不经常祈祷的人认为幸福的比例只有24%。

（3）婚姻和家庭。自20世纪60年代以来,婚姻曾引起过多次热议。有人说它剥夺了许多人(尤其是妇女)的潜在幸福,但这并没有数据支持。2004年,有42%的已婚美国人觉得很幸福,只有23%的未婚者觉得如此。一些比较特殊的群体,幸福的比例更低:寡妇只有20%;离婚的人只有17%;分居但未离婚的人只有11%。在已婚的人中,觉得幸福的人数是觉得不幸福的人数的6倍。

婚姻能带来幸福,至少对于我们当中许多人来说是如此。2003年,一项耗时十年,针对24000人的跟踪调查结果表明:人们在结婚之后,幸福感会大大增强。对有些人来说,幸福感的增强可能会在几年之后慢慢减退,直至恢复到结婚之前的状态;但对于另一些人来说,幸福感的增强则终身亦然。

关于孩子呢?从生活开支的实际来讲,孩子本身好像不会提高幸福的水平。然而调查结果却显示:孩子几乎从来就是幸福生活的一个重要组成部分,就如同婚姻和宗教。已婚并拥有孩子的信教者觉得幸福的比例是50%;而未婚且没有孩子的非信教者感到幸福的比例只有17%。

（4）公益事业。我们经常听到:有钱不能买来幸福。但有一种花钱方法可以带来幸福：捐给公益事业。

美国大众有很高的公益精神，许多美国人都会在自己生活中选择几个非营利团体、教育机构、慈善机构或政治组织奉献自己的时间或金钱，美国国家政策规定对非营利性的公益机构（non-profit organizations）的捐款可以抵税，也是积极鼓励公益精神。通过捐助和从事公益事业，可以让人体会到帮助他人的乐趣，在助人的过程中体会到幸福。

（5）自由权利。争取自由权利和追求幸福曾经是美国独立战争的主要目的。事实上，自由和幸福从来就是密不可分的。自由的人比不自由的人要幸福得多。2000年的美国的社会普查结果显示，自由的人当中觉得幸福的比例是不自由的人的两倍。研究人员还发现，不仅经济自由能带来幸福，政治和宗教自由同样也能带来幸福。但道德自由（没有道德约束）却是个例外，比如说，面对性和毒品的诱惑，缺乏道德约束是不幸的。

2004年美国总统选举的时候，民意测试结果显示，道德击败了经济、恐怖主义、伊拉克战争、教育卫生等热门话题，成为了当时选民们最关心的问题。批评家们也许会嘲笑这个结果，但不可否认，道德对美国人很重要。只有保护政治和经济自由，并抵制道德沦丧的文化，人民才可能获得最大的幸福。[1][2]

2. 德国人的幸福感

德国2011年9月公布的一项民意研究结果显示，德国人幸福感达到10年来最高。在从0点至10点构成的幸福等级中，德国人的满意程度平均为7。主要幸福指标是健康、婚姻或伴侣关系、朋友、金钱以及情绪。其中，汉堡居民的幸福指数达到7.38。居民健康状况相对较好、人均收入最高、丰富的文化活动以及单人家庭数量小，是汉堡居民幸福指数高居榜首的重要原因。

法兰克福的小菲力普，今年18岁了，他说自己不幸福。原因是明年就要高考了，站在人生的十字路口，他压力很大。他希望给自己减压，并与朋友多联系，参加一些聚会，找回幸福感。

---

[1] 综合"泉畔游客"的文章"今天美国人眼中的幸福"，新浪博客。
[2] Jeffrey Kluger, The Happiness of Pursuit, Times, 2013(7).

27 岁的柏林人斯代凡觉得自己一点也不幸福。两年前他失业了，之后女朋友也离他而去，现在社会福利也越来越差。他认为，幸福是要有一个好工作、好收入、好福利。他现在正在参加汽车修理的职业培训。他相信有了工作后，生活会慢慢好转。

36 岁的苏珊娜生活在汉堡，她认为自己是很幸福的人。她是一家广告公司的设计师。她觉得，幸福就是完美的家庭。以前，自己收入很高但不幸福；现在她结了婚，买了一套房子，还有孩子，幸福感就增强了。她认为，家庭关系是幸福的源泉。

43 岁的马库斯在斯图加特生活，他觉得有点幸福。为什么这么说呢？他是德国奔驰汽车集团的工程师。他认为，幸福感每时每刻都可能发生，并不是和收入、家庭等具体事物相关的。有时看一场球赛就觉得很幸福。他说，像德国人，虽然社会各方面比较完善，经济强盛，但幸福感就不如陷入欧债危机中的希腊。学会享受生活，才会得到幸福。

克劳迪娅从出生开始，就生活在慕尼黑，如今她已经 62 岁了，她觉得自己很幸福。幸福就是身体健康，能和老伴享受天伦之乐。她希望多多参加社会活动，帮助别人。她认为，人有宗教信仰才会更充实，更幸福。[1]

三、幸福的测量

幸福感是一种心理体验，它既是对生活的客观条件和所处状态的一种事实判断，又是对于生活的主观意义和满足程度的一种价值判断。它表现为在生活满意度基础上产生的一种积极心理体验。而幸福指数，就是衡量这种感受具体程度的主观指标数值。

（一）幸福指数的含义及来源

幸福感指数又称国民幸福指数，或者称作民幸福总值，是衡量人们对自身生存和发展状况的感受和体验，即人们的幸福感的一种指数。如果

---

[1]《各国百姓说幸福》，生命时报，2011 年 11 月 8 日，第 03 版。

说 GDP（国内生产总值）、GNP（国民生产总值）是衡量国富、民富的标准，那么我们还需要一个衡量人的幸福快乐的标准。在国际社会，这个刚刚出现的标准叫 GNH（国民幸福总值）——Gross National Happiness，它纠正了"唯 GDP 主义"的单一取向，致力于在物质与精神、经济与环境等人类生活的多方面因素之间寻求平衡，以获得人的幸福作为终极目标。自人们对幸福展开讨论以来，不同的学科都提出了自己对于幸福的见解。

西方主流经济学用效用或福利来衡量个人的幸福。他们把效用或福利的最大化作为理性经济人的首要甚至唯一目标，并在货币预算约束的情况下找出假定的效用函数的最优静态解和动态解作为经济分析的出发点。

美国心理学家 Martin E. P. Seligman 提出了一个幸福计算公式：总幸福指数＝先天的遗传素质＋后天的环境＋你能主动控制的心理力量（H=S+C+V）：一是一个人先天的遗传素质；二是环境事件；三是你能控制的心理力量。在社交生活方面，Seligman 的研究表明，10%最幸福的人的一个共同特点是具有丰富的社交生活，他们区别于一般人和不幸福的人的一个标志是愿意与他人分享生活，而不是一个人独处。

在各种不同的幸福指数测量方法中，最早开始规范研究并付诸实施的，当属国民幸福指数（GNH）。它最早是在 20 世纪 70 年代由南亚的不丹王国的国王提出的，他认为"政策应该关注幸福，并应以实现幸福为目标"，人生"基本的问题是如何在物质生活（包括科学技术的种种好处）和精神生活之间保持平衡"。在这种执政理念的指导下，不丹创造性地提出了由政府善治、经济增长、文化发展和环境保护四级组成的"国民幸福总值"（GNH）指标。不丹模式已经引起全世界瞩目，世界上不少著名的经济学家把目光投向这个南亚小国开始认真研究"不丹模式"。美国的世界价值研究机构开始了"幸福指数"研究，英国则创设了"国民发展指数"（MDP），考虑了社会、环境成本和自然资本。日本也开始采用另一种形式的国民幸福总值（GNC），更强调了文化方面的因素。

国民幸福指数（GNH）的两种计算方法：

1. 国民幸福指数＝收入的递增／基尼系数 × 失业率 × 通货膨胀

该公式中的基尼系数（Gini coefficient）是反映收入分配公平性、测量社会收入分配是否平等的指标。

2. 国民幸福指数 = 生产总值指数 ×a%+ 社会健康指数 ×b%+ 社会福利指数 ×c%+ 社会文明指数 ×d%+ 生态环境指数 ×e%

其中 a、b、c、d、e 分别表示生产总值指数、社会健康指数、社会福利指数、社会文明指数和生态环境指数所占的权数，具体权重的大小取决于各政府所要实现的经济和社会目标。

（二）幸福指数的测度方法

目前，对幸福指数的测量主要有三种方法，分别是主观指标、客观指标和主客观相结合的指标。

1. 主观指标体系：不丹、英国、OECD、世界价值观研究所、新经济基金会等，均采用此种方法，其主要通过调查问卷和访谈形式，测度被访问者的生活满意度（收入、就业、健康、休闲等），以及对社会、生态环境、政府治理等方面的主观评价。这种评价体系，优点为能够较为全面地反映受访者的主观幸福感，但是由于受访个体受到受访时的状态以及对幸福的理解等内外部因素的干扰，调查结果的可信度容易受到学术界的质疑。

2. 客观指标体系：联合国的千年发展目标、联合国开发署的人类发展指数、荷兰社会研究所的生活状况指标等，均采用此种方法，其主要通过客观统计指标通过计算公式的客观评价法，反映居民的生活条件状况，如卫生、教育、环境、寿命、生活质量等。但统计指标资料很难反映出如对工作的满意度、对婚姻的满意度、对政府治理的满意度、生活安全感受等等问题。

3. 主观与客观指标结合：法国经济发展与社会衡量委员会的幸福与经济发展测度、中国民生指数等，采用主观与客观结合评价法，这种方法弥补了前两类方法的不足，但是存在着主观评价与客观评价之间的权重协调问题。

除了从主客观的指标体系来测度幸福指数之外，国内外还有不少已经建构出来的"幸福指数"模型，这些模型或有共同点，或完全用不同的维度来测量"幸福"这个指标。例如美国世界价值研究机构公布的幸福指数。美国的世界价值研究机构是国际上最具权威的幸福指数研究机构,由美国密西根大学教授 Ronald Inglehart 负责,其计算幸福指数的方法简便,说服力强,通过对被访问者调查结果进行处理后得出。问题只有一个,而且非常简单:把所有的事情加在一起,你认为你是非常幸福?比较幸福?不很幸福?还是不幸福?通过对被访问者答案的统计处理,得出各个国家的幸福指数。

(三)中国学者对幸福指数的研究

我国学者从 20 世纪 90 年代开始研究幸福指数。我国各地政府、研究机构及学者也积极地参与幸福指数指标体系的构建和实践。

1. 国民幸福核算指标体系

北京大学刘伟教授认为,幸福指数应该是一个包括政治自由、经济机会、社会机会、安全保障、文化价值观、环境保护六类构成要素在内的国民幸福核算指标体系。

2. 《中国城市居民主观幸福感量表》(SWBS-CS)

邢占军认为幸福指数测量的是人们的幸福感,反映的是国民主观生活质量。他用体验论主观幸福感的研究思路编制了《中国城市居民主观幸福感量表》(SWBS-CS),从知足充裕体验、心理健康体验、社会信心体验、成长进步体验、目标价值体验、自我接受体验、身体健康体验、心态平衡体验、人际适应体验、家庭氛围体验十个维度对城市居民主观幸福感进行测量。

3. 《综合幸福问卷》(MHQ)

苗元江编制了《综合幸福问卷》(MHQ),包括一个指数(幸福指数)、两个模块(主观幸福感、心理幸福感)、九个维度(生活满意、正性情感、负性情感、生命活力、健康关注、利他行为、自我价值、友好关系、人格成长)对幸福指数进行测评。

4. 《中国人幸福感量表》(CHD)

陆洛的《中国人幸福感量表》(CHD)包括自尊的满足、家庭与朋友等人际关系的和谐、对金钱的追求、工作上的成就、对生活的乐天知命、活得比旁人好、自我的控制和理想的实现、短暂的快乐、对健康的需求 9 个方面的内容。

5. 南京居民幸福感指标体系

叶南客主持的南京居民幸福感指标体系共包括三个层次。第一层次为社会生活和个人生活两大类别；第二层次由社会生活中的经济、政治、社会和文化建设四个因素，个人生活中的经济、人际关系、个人状态三个因素，共七个因素组成；第三层次由十九个具体的有关社会和个人生活的指标组成，其中每个二级因素分别有2-4个指标，涉及个人生活中与其幸福感密切相关的主要方面。

6. 北京市统计局给出的幸福指数测量指标体系

北京市统计局给出的幸福指数测量指标体系内容包括：公平感、成就感、归属感、安全感、愉悦感、和融感、满足感和向心感。

7. 深圳社科院制定的"深圳的幸福指数"

深圳社科院制定的"深圳的幸福指数"包括8个指标，分别是：人均GDP、人均可支配收入、恩格尔系数、人均住房使用面积、人均道路面积、每万人拥有公交车辆数、每万人拥有医生数、人均寿命。

8. 中国学者根据"幸福星球指数"提出的"中国幸福指数"[1]

根据"幸福星球指数"，中国学者提出了"中国幸福指数"，这个指数由三部分构成：中国各省（区）市居民的生活满意度、各省（区）市居民的预期寿命、各省（区）市的生态足迹。最终的计算公式为：中国幸福指数＝（生活满意度×预期寿命）/（生态足迹＋α）×β，系数α用于调整，使分子与分母的离散系数相等，即保证幸福生活年每一单位的变动与生态足迹每一单位变动对结果的影响相同。系数β也用于调整，使计算结果换算成百分制。

四、多元化的"幸福观"

幸福是什么？一千个人会有一千个答案。对于那些身患疾病的群体来说，身体健康就是幸福；对于那些尚未解决温饱的群体来说，吃好穿好住好也许

---

[1] 王慧红，陈楠，《中国幸福指数的构建》，商业经济与管理，2008年06期。

就是幸福；对于那些下岗工人看来，能找到一份满意的工作，就是幸福；对于那些被拆迁户来说，能够住上自己的房子，就是幸福；对于那些讨公道的群体来说，自己的诉求能够得到申诉解决，就是幸福……幸福是什么，主要看各人的追求指标，当这个指标得到满足时，就会感到幸福。不过，这种指标，也是随着个人情况的变化而有所改变的。因此，幸福其实就是一个不断追求、不断满足的过程。

（一）"幸福"指标体系的基本原则

虽然，衡量"幸福"的指标可能不一致，但关于"幸福"的指标体系，在选择构成上有一些基本的原则。第一是针对性原则，紧扣政府可作为目标，侧重于对于提升居民幸福感和政府公共管理可作为的方面和环节，筛选指标；第二是科学性原则，既能科学反映现阶段居民幸福感的内涵，又与构建指标体系的目标相一致，能借助于所选取指标的指标值统计表现，反映一定问题，为提升政府服务效能提供依据；第三是可行性原则，能阻止实施所构建指标体系设计的调查，所选取指标易被认知，能为被访者接受并有效反馈；第四是简洁性原则，指标选取紧扣目标，避繁就简，依据所建指标体系所要开展的调查，既服务于调研预期目的，又尽可能节约成本。

（二）幸福社会维度

江阴在 2006 年 6 月提出"幸福江阴"构想时，确定了到 2010 年，人均 GDP 在 2005 年基础上翻一番的目标，除此而外，江阴还提出力求"个个都有好工作，家家都有好收入，处处都有好环境，天天都有好心情，人人都有好身体"的幸福指标。江阴的"幸福"指标，不仅包括了政府高度重视的 GDP 数据，还涵盖了老百姓的工作、收入、环境、心情、身体等民生需求。

在社会心理学家看来，人类幸福的源泉来自需求的满足。1943 年，美国心理学家、社会学家马斯洛提出著名的需求层次理论，认为人类的追求具有普遍性而且有层次之分，并将之分为"生理需要"、"安全需要"、"情感和归属需要"、"尊重需要"和"自我实现需要"。由此可见，正如江阴市的幸福指标体系，幸福是不能仅靠单一的指标来衡量的，幸福是需要多方面考量的。比如，就有学者提出了幸福社会的四个维度，包括物质、精神、价值及现实目标维度。[1]

1. 幸福社会的物质维度

幸福不幸福，物质是基础。没有一定物质财富的积累和国民可支配收入的提高，国民就根本谈不上幸福。据有关调查报告显示，在当代中国，人们感到不幸福的主要原因依然是贫穷。只有在经济发展到一定水平后，一些非物质因素对人们幸福感的影响才会越来越大。

"物质贫穷不是社会主义"，在社会主义国家构建幸福社会，党和政府还是应该把发展作为为民造福的第一要务，当然这里指的发展是科学的发展，是全面、协调、可持续的发展，以人为本的发展。

2. 幸福社会的精神维度

没有人民精神世界的极大丰富，就没有社会主义现代化；没有社会主义精神文明建设，就不是完整的社会主义现代化建设。判断一个社会幸福不幸福，除了要看人民吃没吃饱饭，还要看有没有戏看。精神生活的重要性不言而喻。

幸福社会的特征包括经济、政治、文化多个方面，幸福社会既需要高度的物质文明，也需要高度的精神文明。构建幸福社会不但要摆脱物质的空虚，大力加强社会主义物质文明建设，而且要摆脱精神空虚，切实把社会主义精神文明当成幸福社会的重要目标建设好。

3. 幸福社会的价值维度

美国社会心理学家马斯洛把需求分成五个层级，从较低向较高排列。人的全面发展和完善是个人最高层次的需求，满足了自我价值的实现，就会产生幸福感。另外，个人自我价值的实现，还靠个人在社会创造中所做的贡献。这就是说，要用社会的尺度来评判人的价值。为社会奉献、为人类造福，不仅不是同自我实现互不相容的，而且恰恰是自我发展、自我完善、全面发展、实现最高层次幸福的根本途径。

---

[1] 洪向，《幸福社会的四个维度》，人民网，2012年2月29日。

4.幸福社会的现实目标维度

幸福不是镜中花水中月,而是看得见摸得着的东西。可以说,幸福社会是一种体感社会,是一种现实的考量,是一种可触摸的幸福。这就是个体的人在现实生活中要实现学有所教,老有所得,住有所居,老有所养,家有所安。在社会的目标设计上要实现民主法治公平正义,充满活力,安定有序。

(三)幸福指标体系:来自内地省市的做法[1]

2011年,广东省政府公布的《幸福广东指标体系》,由客观指标和主观指标构成,前者包括职工平均工资、农民人均纯收入、居民消费价格指数等指数。主观测评包括个人发展、生活质量、精神生活、社会公平等。

"幸福广东"包含着物质、文化、政治等多方面的丰富内涵。幸福是人们对生活的追求和感受,其内涵是很丰富的,既涵盖物质生活,也涵盖文化生活,以及社会生活和政治生活。幸福虽然是主观感受,但并不是空中幻影,而是有其实实在在的物质依托的。首先,应是物质生活水平的不断提高。有的国家物质条件极端匮乏,而且大搞个人崇拜和愚民教育,虽然人民所谓的幸福感可能很强,但那不是现代文明意义上的幸福。其次,文化生活也要不断地改善。早在中共八大召开的时候,党中央就提出社会主义生产的根本目的是不断满足人民群众日益增长的物质和文化需求。人与动物最重要的区别就是人有文化需求,丰富的文化生活是建设幸福广东的重要方面。再次,社会生活方面的诉求也必须不断满足。人民群众要参与社会活动,要求有知情权、参与权、表达权、监督权,要求公平正义。现在群众的生活普遍改善,但由于部分社会成员是通过不正当手段非法牟利,人民群众依然会不满意,会认为不公平,幸福感依然不会很高。

既然"建设幸福广东"的内涵是极其丰富的,那么我们就必须全面理解,而不能孤立强调某个方面。如果过分强调幸福要有物质财富,或者过分强调

---

[1] 本部分来自广东的资料,参见广东省政府网站:http://zwgk.gd.gov.cn/006939748/201110/t20111012_285762.html;以及广东省发改委"幸福广东"专题网站:http://www.gddpc.gov.cn/xxgk/rdzt/xfgdzbtx/。

幸福是主观感受，都容易出现问题。过去我们在改善物质条件方面强调得比较多，结果人民群众收入增加了，但是幸福感并没有同步增加。现在要防止走向另一个极端，过分强调幸福是主观感受，将会忽视整个社会生产力的发展，这样的幸福没有物质基础作为保障，也是容易出现问题的。我们强调幸福的内涵丰富，并不意味着没有标准，幸福不是一个箩筐，什么东西都可以往里面装。总之，要全面理解和准确把握幸福的内涵，才能保证"建设幸福广东"政策和措施的科学性和针对性，才能实现幸福生活的蓝图。

同时，"幸福广东"的建设是一个长期的过程，不是一蹴而就的，也必须是一个与时俱进的过程。幸福是与经济社会发展阶段和发展水平相适应的，随着经济社会的不断发展，幸福的标准就会不断变化，因而幸福是永远无穷尽的。比如，解放初期有饭吃就觉得幸福，改革开放初期有钱花就觉得幸福。进入新世纪，幸福的标准也提高了，不光是有饭吃和有钱花就可以了，人民群众的诉求也不断增多。另外，制定"幸福广东"的评价指标体系也是一个与时俱进的过程，对于这个指标体系，仁者见仁，智者见智，大家的认识不是一下子可以统一的，也不能一下子拿出一个人人都满意的指标体系，这个评价体系只能是通过实践深化认识，统一认识，不断修改完善。

"建设幸福广东"要考虑当前又兼顾长远，不能搞片面的政绩工程。建设幸福广东，最重要的是不能急功近利，不能不顾客观规律，追求贴幸福标签的政绩工程。过去过分强调追求国内生产总值（GDP）增长，形成了不健康的增长方式，如果现在过分追求让人民群众有幸福感，同样容易出现"幸福"政绩工程，获得形式主义的"幸福"，甚至可能会形成不可持续的"幸福"。[1]

广东省的幸福指标体系内涵丰富，涉及全面，含义也随发展而做出调整和改变，注重发展长远的可持续性的幸福。同样的，不仅仅是江阴市和广东省，越来越多的地区和省市都把建立幸福生活作为自身发展的一个目标，对幸福的定义也是各不相同，但有一点是一致的，都从各方面对幸福进行考量，不会以单一的指标进行衡量。

---

[1]《编制幸福指标体系是一个不断完善的过程》，南方网，2011年10月。

以湖北省为例，湖北省在编制幸福指数统计指标体系时，把影响幸福指数的要素归并为健康状况、经济状况、家庭状况、职业状况、社会保障、文化教育、环境条件七个方面。安徽省则从居民收入、消费结构、居住质量、交通环境、人口素质、社会保障、医疗卫生、生命健康、公共安全、人居环境、文化休闲、就业机会这十二个方面，选取了二十三个指标。再比如，统计部门希望通过统计指标体系的创新，从收入、保障、物价、住房、教育、环境、医疗、文化等方面对"幸福城市"的建设进程进行监测。目前他们正在设计一个包含收入水平、生活质量、社会服务等7大方面37个项目的幸福指标体系。

（四）正确看待"幸福指数及指标体系"

同在沙滩上晒太阳的富翁与乞丐，谁也不能说，腰缠万贯的富翁，就比一无所有的乞丐幸福。如果仅仅把幸福当作内心感受的话，穷人的幸福感未必就低于富人。幸福不单单是内心感受。短时间的幸福感可以是脱离物质之上的纯粹感受，长期的幸福却需要相应的物质基础作保障。在这种前提下，一个"幸福指数"是不是就一定能衡量出国民的幸福感？[1]

对于幸福指数的属性，我们可以发现，目前所使用的其他各类统计指标，比如GDP、基尼系数之类，多半都是"舶来品"，尽管它们具有普遍性，却也不能忽视不一样的国情背景。"幸福指数"更是如此。相同的衡量指标体系，得出的实际幸福度肯定有所差别，这就让"幸福指数"有个先天不足。

再者，当"幸福指数"进入国家统计局的统计数字时，为了某种人为的需要，它会不会成为下一个被诟病的概念？有些地方政府为了"指数"而施政，关注于数值的提高，而忽视了影响百姓眼下的幸福感的现实因素？因此，对于幸福指数和指标体系，我们必须正确看待。

1. 它是目标不是指标

因为对"什么是幸福"的理解大有偏差，所以很难保证列入考核的幸福指数不出现问题，因为有考核和指标，所以会有权力的应付，数据就会掺假，

---

[1] 冯雪梅，《什么样的指标才能衡量幸福》，潇湘晨报，2006年9月15日。

"被幸福"也就会出现。本质问题在于，幸福是每个人的主观感受，而不可能分数化、小数点化或指标化。虽然说"每个家庭都有相同的幸福，却拥有不同的不幸"，但幸福不可一概而论，更不可成为指标。一旦幸福成为官方公文上的数据，这就已经是一种不幸了。因此，避免"幸福施政"走向荒唐的最主要方法，就是要避免指标化。

2. 它更需具象考量

首先，在政策层面上，应有一套完整的评价体系，除了健康与基本生存福利、经济福利、政治福利、社会福利、文化福利、环境福利等内容，更要有对贫富差距、收入分配不公、教育卫生资源分配不均、腐败问题等方面的评价标准；其次，"幸福社会"还应交由民众来评判，充分尊重民众的主观感受，比如有人就提出以民众痛苦指数来反衬幸福指数。

总之，"幸福指数"可以在一定程度上反映百姓生活幸福与否的状况，但是，我们必须清醒地认识到，"幸福指数"也不是完全真实可靠的，它并不能说明一切，因此我们还是要公正、客观地看待"幸福指数"这个数字。

国民幸福指数是一个综合性的指标体系，内涵丰富，涉及面广。这也决定了提高国民幸福指数是一项复杂艰巨的系统工程，需要从多方面、多层次进行努力。毋庸置疑，人的幸福感是建立在一定的物质和精神基础之上的，受经济、政治、文化、社会、自然等多种因素的影响。其中，经济因素的影响最大，生活富裕、物质财富充足可以在很大程度上增强人们的幸福感。相反，经济条件差、物质生活水平低则会大大降低人们的幸福感，所以建设幸福生活首先要让老百姓真正的富起来，财富不是唯一的因素，但却是必不可少的基础条件。同时，政治建设方面的民主状况、法治状况，文化建设方面的精神文明状况、国民教育状况，社会建设方面的就业状况、社会保障状况、安全稳定状况，生态建设方面的自然环境状况，以及个人的家庭状况、教育状况、健康状况、职业状况等，都对人的幸福感、对国民幸福指数产生重大影响。因此，要提高国民幸福指数，就必须坚持以人为本，大力推进经济建设、政治建设、文化建设、社会建设以及生态建设，不断提高社会富强、民主、文明、和谐程度。

小结

幸福是什么？一千个人会有一千个答案，幸福既是人类永恒的追求，也是人们普遍关注的一个常谈常新的话题。不同的国家、不同的民族，对幸福会有不同的认识，中国从民间"五福"幸福观到儒家德福一致的幸福观，从道家合于自然的幸福观到新时代追求公平正义的理念，幸福观不断变化并升华。西方国家有人坚持理性主义，主张抑制欲望，追求道德的完善和精神上的幸福；也有人坚持感性主义，强调人的自然欲望的重要性，主张在感官、感觉的快乐体验中享受生活，在文化的交流与碰撞中，幸福观不断丰富并完善。生活中，人们对幸福有了越来越深刻的认识，同时也有了更加强烈的追求，在不断的认识和追求中，也学会了对幸福进行测量，各种指标体系、幸福指数渐渐走进了研究领域，对此，大家反响不一，我们需要指标，但绝不能将指标作为追求的目标；我们需要评价体系，但也要客观理性地理解和运用这些评价体系。我们的最终目的，是在坚持以人为本的前提下，大力推进经济建设、政治建设、文化建设、社会建设以及生态文明建设，最终成为富强、民主、文明、和谐的社会主义国家，提高全民的幸福感。

第二章

影响幸福感的因素

　　幸福社会关照的既是个人幸福,也是普遍幸福。人是一切发展观的出发点和归宿,也就是说,以人为本。这里的人,既指的是个人,也指的是集体的人,全体的人。[1]幸福的范围应该是普遍的幸福,既包括个人幸福,也有社会幸福,在探讨影响幸福感的因素时,就不应该站在个体或者社会的层次上来找寻,而应用普遍幸福感来研究影响幸福感的因素所在,继而在因素中既有对个人,也会有对社会幸福感有着共同的影响。在某种意义上,社会的目标和价值取向制约着人们主观幸福感的实现,也影响了主观幸福感的内容选择。正是集体主义文化意义场域的存在,使得个体的主观幸福感主观上有了社会的期待,并使得主观幸福超越了享乐主义的范畴。[2]在探讨影响幸福感的因素这个话题上,分物质幸福和非物质幸福两大主题来阐述,从不同的维度来分析影响幸福感的因素所在,并在个人幸福和社会幸福的基础上分析影响普遍幸福感的真正因素所在。

　　在已有的研究中,经济学、社会学和心理学都给出了"幸福密码",例如,结了婚的人比单身的人更幸福;女性通常会报告更高的主观幸福感受;教育水平越高,总体上幸福感就越强。从社会学生命历程的角度来看,人的一生

---

[1] 王霄、王丽玲、曹书敏、阎连朵,《幸福社会的分析维度和具体内容》,河北科技师范学院学报(社会科学版),2011年01期。
[2] 王培刚,《主观幸福感结构情感要素和认知要素二元分类图式的诊断》,社会,2010年04期。

的幸福感体验,呈现"U"型态势。年轻人因为处于事业开拓期,其幸福感比"上有老、下有小"的中年人高。随着人生阅历的丰富,退休后的老人幸福感又比中年人高。因此,就个体而言,幸福的影响因素是如此之多,但总体而言,可以分为认知因素和情感因素。

就政策层面来讲,针对个体的幸福感特点,政府当各有侧重,解决各个阶段的人群面临的"幸福障碍物"。例如对于年轻人来说,求职就业、文化娱乐、住房教育是他们所关心的,中年人关注事业发展、抚养下一代和赡养老人的内容,解决了这些问题自然压力减轻、幸福感上升了。步入老年,养老服务和设施的发展,养老金是否够花,孤独失能问题能够得到缓解,都是开启老年人"幸福密码"的钥匙。

经济学家伊斯特林(R. Easterlin)通过分析若干个大型社会调查,回顾了中国人生活满意度发生的变化,他在《中国的生活满意度:1990—2010》一文中引用了大量数据,发现与中国近30年突飞猛进的经济发展相对的,是生活满意度的直线下降,甚至多数中国人2010年的幸福感还不及1990年。[1] 世界幸福数据库主任、荷兰鹿特丹伊拉斯姆斯大学人类幸福之社会条件系的名誉退休教授汶魏荷文(Ruut Veenhoven)也发现了类似的结论,中国人的幸福感并没有随着经济水平的提升而提高。[2] 德国学者也有类似的研究。[3]

来自零点调查的数据发现,中国农村居民的幸福感某些时候会高于城市居民。这对于城乡居民收入差距成倍数的现状来说,的确不太好解释。但事实的确如此,也就是说,收入的水平不一定代表了幸福的感觉。国外的调查也有类似的结果,即居住在郊区或乡村的人群更有可能比城市居民感受到更高的幸福水平。这背后的解释有:第一,城市居民对未来的不确定性以及害怕失业是其主观幸福感低的重要原因;第二,城市地区的生活成本上升往往

---

[1] R.A. Easterlin et.al..China's life satisfaction, 1990–2010. PNAS | June 19, 2012 | vol. 109 | no. 25 | 9775–9780. www.pnas.org/cgi/doi/10.1073/pnas.1205672109.

[2] R. Veenhoven, Happiness in China (CN), World Database of Happiness, Erasmus University Rotterdam, The Netherlands.Viewed on 2014-06-10 at http://worlddatabaseofhappiness.eur.nl.

[3] Brockmann H, Delhey J, Welzel C, Yuan H 等,《中国之谜:经济增长,幸福下滑(The China puzzle:Falling happiness in a rising economy)》,J Happiness Stud,2009年10期,第387到405页。

较快，比如房价、交通、医疗、教育等方面的成本对居民生活满意度都有消极的影响；第三，一些社会环境问题，比如交通拥挤、犯罪率上升、人口过度密集等都不利于幸福感的提升。正因为影响幸福的因素是如此众多和复杂，探讨哪些因素影响人们的幸福的话题从不曾中断。

一、物质因素是幸福感形成的基础

从宏观层面讲，经济的发展，最终还是要落实到个人的幸福生活上，国家是保障国民幸福生活的后盾，应该创造更有利于提升公民幸福感的物质基础，只有这样，个体和整个社会的幸福指数才能更高。从个体层面讲，马斯洛需求理论将个体的需求分为生理需求、安全需求、情感和归属的需求、尊重的需求以及自我实现的需求。本节从影响幸福感的物质因素和非物质因素两个方面进行探讨。

（一）自然基础条件的安全保障

来自自然条件创造的幸福感，针对个体和社会的不同群体，本节将其分为个人寿命的自然幸福和自然环境带来的社会幸福。对于不同的范畴，自然条件带来的保障也有着不同的概念。

从个体层面来讲，马斯洛需求理论谈到，个体最基础的需求是生理上的需求，而个人的身体是创造幸福条件的基础，人的生命长短和生命周期既对个人幸福感的满足有着长期的持续作用，也对与其相关的人事有着一定的幸福提升；个体生命的长久不仅是一己之利益，还关乎整个家族香火的延续。正是基于此，在中国人的幸福观念中，把自然生命放在了首位；每个个体在自身生命周期里一定程度上都会对社会做出或多或少的贡献，个体寿命的延续对于社会的发展有一定的促进作用。

从社会层面来讲，自然环境的保障，生态文明的建设可以保证整个社会和个体的生命安全，自然条件的改善更对国民的身体健康和生命安全有着重要的保障，进而为大众营造一个幸福的社会环境。自然条件更与其他各个方面有着关联，经济的发展需要从自然环境中获取资源，自然环境为经济发展，政治稳定奠定了基础。从人和自然双关系层面来讲，要谋求自然幸福，就要以科学发展观为指导，做到人和自然和谐相处，天人合一，个人和社会群体要注重保护自然环境。这告诉我们，不能为了自己的利益，人为过度地使用技术手段对待自然，否则就会破坏自然，造成生态危机。要遵循自然规律，才可返璞归真。对待万物要讲究仁爱之心，以物无贵贱的态度对待自然之物，这样才能与自然和谐相处。[1]既对个人生命周期的幸福有着保证，也对整个社会的普遍幸福感有着一定的提升。

（二）经济财富的物质保证

无论是个人还是社会，提到幸福感，不仅仅着眼于自然条件的满足，也有着经济因素的影响。财富作为生活的必需品，在某种程度上也成了衡量个人和社会幸福的一个指标。个人追求财富是正常的，也是对于幸福的追求，正如霍尔巴赫所言："人从本质上就是自己爱自己，愿意保存自己，设法使自己的生存幸福，所以利益或对幸福的欲求就是人的一切行动的唯一动机。"经济财富的富足，既可以满足个人的需求，从消费理念上有所改变，而且对于家庭的和谐有着一定的作用。在韦伯的"三位一体"的社会分层理论中[2]，将财富作为一个衡量标准，撇开社会分工的不同，财富的多少在一定程度上也成了个人幸福与否的一个因素，从这又可以引出另一个概念"经济地位"。经济地位高的有着一定的社会资源，有着相应的社会关系。幸福也来源于社会关系，把幸福视为一种社会关系，在幸福的建设中就能够把社会与个人、客观与主观结合起来，有利于通过多种途径实现正向的、积极的社会幸福目标和个人幸福目标。另一方面，把幸福理解为社会关系，才能够鼓励人们不仅追求自己的幸福，也要关心他人和社会的幸福，从而有利于幸福的共建共享。[3]对于社会而言，国家富强也有利于国民经济的发展，保证国家的稳定。从幸福广东的政策来看，其施政方针从对GDP的关注转向对民众幸福的关

---

[1] 王璐颖，《论析人生幸福的四个维度》，南京政治学院学报，2011年01期。
[2] 是指用经济、政治和文化三个方面的具体表现维度：财富、权力和声望来度量人的社会地位。
[3] 郭景萍，《关系幸福——社会学研究的新范式》，学习与实践，2011年09期。

注,其基础条件便是广东作为国家经济的龙头,有着雄厚的经济财富的支持,所以国民经济的发展对于整个社会的普遍幸福来讲有着不可忽视的作用。然而伊斯特林的"幸福悖论"却告诉我们一个有悖于此的认识,即收入增加并不一定导致快乐增加,居民幸福感和收入背离几乎是一种世界性的普遍现象。他提到,相对于财富而言,婚姻、健康、职业与良好的社会关系等要素可以带来更加持久的快乐。2005年,中国社会科学院的调查显示,72.7%的城乡居民感觉生活是幸福的,比上年下降了5个百分点。另有一项调查表明,中国人的幸福感在过去10年中先升后降,与经济发展的曲线并不同步。从这个层面来讲,经济财富因素又仅仅能成为幸福感的一个简单的衡量因素。

(三)生活水平的改善

生活水平是从经济因素这个层次引申而来的又一个经济因素,当然经济是其基础,但是生活水平的提高不仅仅是消费的增加,物质的丰富,也有着其他的影响。恩格尔系数是衡量生活水平的重要标准,从物质消费领域逐步转移到精神文化消费领域,这不仅仅是消费水平的改变,也是人民生活水平的提高,更是幸福感提升的表现。

衣食住行是居民生活的四大方面。房子在中国人生活中的分量比西方更重。从2005年的国家统计局的数据中可以看到,普遍的居住面积相比以往有很大提升。全国城镇人均住宅建筑面积26.11平方米,其中东部地区28平方米,中部地区23.9平方米,西部地区25.24平方米。全国城镇户均住宅建筑面积83.2平方米,户均成套住宅套数0.85套。东部地区户均住宅建筑面积85.32平方米,中部地区77.96平方米,西部地区85.75平方米,户均成套住宅套数分别为0.89套、0.79套和0.83套。[1]但是不可否认的是,如今依然有很多城市居民,尤其是年轻人为房所困。政府工作报告中,多次提到要抑制房价过度增长,工薪阶层奋斗一生却为房子问题困苦一生。相比其他民生领域,居民在住房和房价问题上离幸福似乎有点远,以至于能当上"房奴"也成了一种"幸福"。换个角度来看,在衣食住行基本满足的前提下,对更

---

[1] 数据来源:http://news.enorth.com.cn/system/2006/07/04/001347340.shtml。

高居住质量的要求也体现了当下居民的新的幸福追求。

在交通出行方面，国家的经济的发展，交通条件的改善缩短了人与人之间的空间距离。私家车的出现，不仅仅带动了一个行业，也对于人们的生活水准有了一个新的指标，私家车逐渐也成了家庭的必需品，这意味着交通方面人们对于幸福的感受也在提升和改善。

从生活水平这个层次来讲幸福感，不仅仅涉及个人的生活，也是一个社会问题。政府应当注重整个社会的普遍幸福，例如为公众创造更好的公共基础设施，保证大众的衣食住行的安全、便利，这样对于个体和群体而言都意味着幸福感的提升。

（四）经济差距带来的幸福落差

在论述经济财富和生活条件的时候，都注重从大众的平均水平出发，然而这些因素都必然面对着一个差距，直接原因便是经济上带来差距，而经济差距则会带来部分群体的"相对剥夺感"，带来幸福落差。

研究结果显示，我国的收入差距问题形势严峻。体现在地区差距、城乡收入差距、家庭和个人差距。据统计，2012年中国城镇居民人均可支配收入为24565元，而农村居民人均纯收入为7917元，前者是后者的3.1倍。按五等份收入分组，城镇最高收入组人均为51456元，最低收入组人均为10354元，前者是后者的近5倍。城乡之间的差距导致进城务工的农民感觉到自身的不幸福。基尼系数是衡量收入不平等的重要指标。2012年12月初，西南财经大学中国家庭金融调查的结果显示，2010年中国家庭的基尼系数为0.61，大大高于0.44的全球平均水平。国家统计局的数据显示，从2003年到2011年，我国居民收入的基尼系数从0.473到0.491不等，总体上呈现先升高后降低的特点。2012年我国的基尼系数为0.474，超过国际公认的0.4的警戒线。

收入差距的扩大，最终对各个收入阶层的幸福感都会带来危害。在经济比较富裕的家庭中，财富的积累并未给他们带来身心的幸福，相反，依据幸福悖论带来的更多的是不安。对于中等收入和低收入群体而言，这种财富的不均，是逐渐产生仇富心理的根源。总体上而言，这种经济上的落差对于社会的普遍幸福而言是无益的，对于整个社会的幸福感的提升也有着一定的压力，而这种相对的幸福落差也就必然存在。要为公民营造一个幸福的社会、打造一个幸福的生活，就必须解决经济上带来的诸多问题。

二、非物质因素对幸福感的影响

（一）主观情感与客观指标

脱离物质因素来讲，幸福不存在于外界，更在个人的主观意念之中。因为社会人的角色使然，每个人或多或少的都会遇到比自己生活水平，或者经济条件优越的人，这些攀比的心理自然就会造成自身的一种挫败感，从而带来一种自身心理上的不幸福感。其实，反过来讲，也就必然存在着一些群体以我们自身作为比较对象，羡慕我们的生活，从我们身上产生了不幸福感。所谓知足者常乐，人应该学会知足，在自己得到幸福的同时去帮助别人获得幸福，这种幸福感不应该来自于他人，而是本身的一种主观意向。这样，对于每个个体而言，幸福则显得相对简单，这样，每个生存在社会中的人则都是幸福的人。幸福就成为了一种人的主观的情感因素，内心的满足就成为了幸福的来源。

幸福也有着客观的因素所在，很多国家和机构都有评价幸福的指标体系，例如幸福指数的存在，从社会层面来讲，建立一些幸福的衡量体系和幸福数据，有利于从客观层面对幸福这一概念做一个客观的分析。通过这一些客观的科学的幸福数据分析来做出一个幸福指标和衡量标准，有利于和谐社会与幸福社会建设，这样在个体和社会两个层面都有利于幸福感的提升。

实际上，现实生活中人们的生活质量是由其主观评价和客观评价两者综合起来的一种理想模型，客观生活条件可指具体的可确定的生活环境，主观感受则包括了对生活总体或具体某一方面的评价，包括了认知的和情感的评价。综上，对于幸福生活，个体和社会都有着主观和客观的认知，因此对自身幸福和社会幸福感的分析讨论要从两个方面进行，这样，对于整个社会幸福感提升的分析将更加全面。

（二）道德素养与精神幸福的关系

幸福与道德并不对立，但幸福必须以道德为前提才具有真正的意义和价值。道德在中国意味着中华美德，美德的内涵十分复杂，陈根法先生讲道："有德的人给自己的生活带来无限的幸福和喜悦。因为真诚和坦率不仅能赢得周围人的信任，也能让自己内心获得道德上的满足，从而产生精神上的幸福感。"[1]因为人不仅仅是一个个体的存在，同时还是社会人。对于个体而言，道德既是个人魅力的体现，也是自己精神境界的展现，作为社会人而言，道德更是一种社会公德。

胡锦涛同志提倡的"八荣八耻"充分总结了中华民族的美德所在：坚持以热爱祖国为荣，以危害祖国为耻；以服务人民为荣，以背离人民为耻；以崇尚科学为荣，以愚昧无知为耻；以辛勤劳动为荣，以好逸恶劳为耻；以团结互助为荣，以损人利己为耻；以诚实守信为荣，以见利忘义为耻；以遵纪守法为荣，以违法乱纪为耻；以艰苦奋斗为荣，以骄奢淫逸为耻。中央电视台的"感动中国"节目树立了众多社会典范，堪称道德楷模。对于德者而言，道德不仅仅是自己的立身之本，是自己的幸福所在，更是社会幸福的稳定剂。社会因为有了这些德者而显得温暖，社会的普遍幸福感也因为有了这些德者，才得到了大众的普遍认同。

（三）法制规范是保证幸福感的基础

柏拉图在《理想国》中讲到，我们的立法不是为了城邦任何一个特殊阶级的幸福，而是为了全国作为一个整体的幸福。法制的存在不仅是为了维护社会正义，更是为社会谋求一种整体幸福的硬性的幸福条例。法制作为维护公民和社会稳定的保障，对于营造社会的普遍幸福有着强有力的作用。当公民个人遇到问题需要通过法律的途径解决时，当社会秩序需要法律来维护时，

---

[1] 周治华,《德性、幸福与社会和谐——与陈根法教授谈德性的价值》,文汇报,2005年05月30日,第15版。

法律规范便凸显了它的保障作用。

然而现实中的法制规范却并不尽如人意，还有很多执法不公的事件，一些部门打着"公众利益"的旗号，侵害其他公民和组织的合法权益，满足小集团的利益。这类事件不仅仅给当事公民带来巨大损失，破坏了社会秩序，降低了司法的公信力，还产生了相当严重的长远危害。司法不公使人们对法律法治的信心受到打击，出了事情首先想到的不是法律，而是托人找关系，更加加剧司法不公和社会不满。司法是维护社会公平正义的最后底线，可以想象，如若司法不公，百姓的安全感和幸福感自然无法保障。

只有在严格执法的前提下公民的个人权利才能得以保障，进而从法律规范中获得个人幸福的满足感，社会也才能因法律规范而获得更大的社会公信力，社会的整个普遍幸福感才可以获得提升。

（四）分配公平是幸福的保证

社会学家孙立平教授在很多著作中谈到分配不公的问题，由分配不公引出的财富分化和城乡差距是其主要研究对象，他讲到在中国实际的收入分配有几种：1. 按劳绩分配；2. 按资分配；3. 按权力分配；4. 按资历分配；5. 按人头分配；6. 按人道主义原则分配。这些现实中的分配原则带来的更多的是分配在某种程度上的不公现象，而由此产生的差异会使大众在心理上产生一种不满情绪。对于整个社会群体而言，分配不公带来的利益固化和阶层分化是必然趋势。一旦利益集团形成，那么社会阶层的流动便变得困难，这样在阶层分化中便会有优越和低等之分，这显然对于整个社会的普遍幸福而言是有害无益的，带来的可能更多是负面的影响。总之，分配问题和其他因素息息相关，从宏观上来讲对整体幸福感有着重要的影响，也正因为如此，党和政府对于分配公平问题十分重视。

我国的分配制度从大锅饭到包干制，是一个不平凡的历程。改革开放以后，逐渐确立了"效率优先，兼顾公平"的分配原则。随着改革的深入，确保基本的生存权和发展权的分配原则得到进一步的贯彻。教育、医疗、养老等民生领域投入大量资金，各项制度进一步完善。同时，针对高收入者的调节手段进一步完善,针对中等收入群体的减税、增收等措施得以落实,通过最低收入保障制度、社会救助和救济等社会安全网进行的"兜底"制度进一步完善。这些都体现了分配公平的因素。党的十八大报告提出,调整国民收入分配格局,着力解决收入分配差距较大的问题,使发展成果更多地惠及全体人民,是我党未来一个阶段的首要目标。

(五)民主参与是幸福社会的关键

政治清明是幸福社会的前提,社会主义民主参与是幸福社会建设的关键。每个个体都有着自己的权利和义务,而对于政府来讲,民主政治就是重中之重。民主政治有两个含义,一个是国家的民主化,政府的产生以及政府公共管理要由人民当家作主;一个是社会的民主化,许多社会事务由公民自我管理、自我服务。后一点也就是所谓的公民社会建设,也叫社会建设。人民的幸福与政府公共管理的水平和质量密不可分,社会的普遍幸福与公民社会建设密不可分。

中国特色社会主义政治制度是国家民主的直接体现。共产党领导的多党合作和政治协商制度是我国的一项基本政治制度。多党合作的主要方式有:各民主党派和无党派人士参加人大、政协参与管理国家和参政议政;共产党与各民主党派通过多种渠道实行政治协商和民主监督;吸收各民主党派和无党派人士中的优秀人才到国家机关担任领导职务。政治协商制度是民主参与最好的体现,俞正声同志在庆祝人民政协成立60周年暨上海市政协工作会议上的讲话谈到:"要加强政协自身建设,完善民主监督机制。1. 要切实把政治协商纳入决策程序。2. 要不断完善民主监督机制。3. 要努力提高参政议政的实效。4. 要切实加强政协自身建设。"[1] 这种政治协商的制度恰恰是公民间接参政的方式,也是幸福社会建设的政治保证。

公民社会建设在中国有两个重点领域,一是基层民主,即在城市与农村的社区实行直接民主,二是各种公民组织、社会团体的培育与发展。从实际

---

[1] 俞正声,《加强政协自身建设 完善民主监督机制》,解放日报,2009年10月15日。

情况而言，第二点中国的差距更大，主要的问题是限制较多。[1] 在社会中，公民通过各种社会组织团体来表达自己的利益需求，这些社会组织承担了公民和政府之间一个枢纽性的角色。党的十六届六中全会和十七大会议都对社会组织做了明确的定义，对建立枢纽型社会组织的意义也进行了较为详细的表述。通过抱团式的方式参与社会管理，一是有利于创新社会组织管理模式；二是有利于发挥人民团体固有的桥梁纽带作用和自身优势；三是有利于促进各类社会组织发展；四是有利于加强对社会组织的监管。此外，社会建设和社会管理创新离不开发扬基层民主、扩大民众的社会参与。

小结

本章从物质因素和非物质因素两个方向着手，从不同的维度来分析影响幸福感的因素，并在个人幸福和社会幸福的基础上分析影响普遍幸福感的真正因素。首先，物质因素是幸福感形成的基础，自然基础条件是获得幸福感的安全保障，经济财富条件是获得幸福感的物质保证，生活水平的改善会对幸福感的形成产生影响，经济差距带来的幸福落差也会影响到人们的幸福感。我们需要注意的是，财富是生活的必需品，在某种程度上也是衡量个人和社会幸福的一个指标；生活水平是从经济因素这个层次引申而来的又一个经济因素，但在论述经济财富和生活条件的时候，不能光从大众的平均水平出发，因为这些因素都必然面对着一个差距，会带来部分群体的"相对剥夺感"，带来幸福落差。其次，非物质因素对幸福感也有重大影响，主观情感与客观指标有着相当的反差，道德素养与精神幸福有着莫大的关系，法制规范是保证幸福感的基础，分配公平是幸福的保证，民主参与是幸福社会的关键。

---

[1] 王霄，王丽玲，曹书敏，阎连朵，《幸福社会的分析维度和具体内容》，河北科技师范学院学报（社会科学版），2011年01期。

第三章

个人幸福与公共幸福

　　个人是生活在群体中的。个体的幸福离不开所在群体的公共幸福。旧中国积贫积弱,半殖民地半封建社会决定了绝大多数人民群众的生活不幸福,在帝国主义、封建势力和官僚资本主义的压迫和盘剥下,普通人民的生活毫无幸福感可言。

　　进入新中国,虽然物质基础依然薄弱,但人民群众翻身做主人,新时期的社会主义建设如火如荼进行,各个五年建设计划顺利实施,工农业生产呈现新气象,人民群众的生活也有了新面貌。这时候的幸福,是人人平等、独立自主的有尊严的幸福。

　　进入改革开放新时期,邓小平提出"贫穷不是社会主义"的论断,号召大家勤劳致富,"先富带动后富,最终实现共同富裕"。于是,"经济建设为中心"成为各级政府的首要工作,招商引资,开发项目工程。人民群众则忙着下海经商、争当"老板"、"万元户"。这时期的幸福,是摆脱物质匮乏、实现丰衣足食、努力创造美好生活的幸福。

　　进入21世纪,在向着全面建成小康社会迈进的路上,人民群众对于幸福生活的定义也在发生变化。曾经"楼上楼下电灯电话"的幸福生活早已成为历史,收录机、自行车、手表的"两转一响"也已成了普通百姓的家庭基本配置。空调、冰箱、洗衣机在农村也成为普通家电,电脑、轿车正在走入越来越多的寻常百姓家。但是,幸福生活的内涵在老百姓的心中也在发生变化，他们提出了更多的要求。医疗、教育和住房被老百姓调侃为"新三座大山"，成为影响幸福感的大障碍。老百姓的幸福话题，也都与这几项密切相关。家人生病了要不要上医院，高昂的医疗费会不会让全家"一夜回到解放前"？孩子能否进入更好的学校，接受更好的教育？城市工作生活的人们有没有负担得起的房屋？老人退休、失能了是否能得到基本的照顾和医疗服务？是否能经常看到蓝天白云，出行不必戴着口罩抵御 PM2.5？河流湖泊是否小鱼畅游，而不是蓝藻横行，污水横流？买了车的人们是不是为没地儿停车而苦恼？这一个个看起来琐碎的问题，却事关每一个老百姓的幸福生活。

最早对幸福做"公共幸福"和"个人幸福"划分的是托马斯·阿奎那，他认为全城的公共幸福和一个人的个人幸福不仅有量的不同，而且还有形式上的区别，因为公共幸福在性质上有异于个人幸福，正如部分的性质不同于整体的性质一样。托马斯·阿奎那在量和形式两个方面说明了公共幸福是不同于个人幸福的，虽然从一定意义上来说，托马斯·阿奎那的伦理思想带有一些神学色彩，但是这一观点却有重要意义。[1]

在当下中国全面建成小康社会，实现全民的公共幸福，也是由中国共产党的性质决定的。关于共产党在工人阶级革命胜利后建立的新社会中是全体社会成员根本利益代表的定性，《共产党宣言》宣告："代替那存在着阶级和阶级对立的资产阶级旧社会的，将是这样一个联合体，在那里，每个人的自由发展是一切人的自由发展的条件。"列宁坚持了马克思主义的这一根本立场，他强调，新社会的社会生产要"保证社会全体成员的充分福利和全面的自由发展"。[2]

经过三十多年的改革开放，中国社会在普遍受益的原则下，广大人民群众的生活水平普遍提高，综合国力显著增强，国家面貌发生了巨大变化。但是，也不得不承认，改革的过程中出现了大大小小的利益集团，他们是改革开放中获益最多的群体，他们手中握有巨大的财力、物力、权力，甚至为了小团体的利益而阻碍改革开放的进一步深化。当前，改革步入深水区，有时

---

[1] 赵艳琴，《论公共幸福的生活基础》，学理论·下，2010 年 06 期。
[2] 列宁，《列宁全集》第 6 卷，中文第二版，人民出版社，第 218 页。

候,"触动利益比触及灵魂还难"。但是,不改革就没有出路。沧海横流,方显英雄本色。中国共产党是我们国家的执政党,代表的是中国最广大人民的根本利益,是为了社会全体成员的共同富裕和幸福而工作,分配不公、贫富悬殊,这肯定不是公共幸福。党的目标,就是为了让全国人民共享小康社会的发展成果,实现共同富裕和公共幸福。

一、个人幸福生活离不开公共幸福

(一)政治清明国家稳定为公民树立了安全幸福

十八大报告中将政治清明列入其中,给政府官员打了一支清新剂,也给公民打了一支安定剂。政治清明和国家稳定既是国家利益的体现,也是公共幸福的国家层次的最终体现,更直接关系到公民的安全幸福。没有国家的稳定,政治的清明,个体的幸福生活的建立就没有了安全的保障。看一下伊拉克战争后的伊拉克民众的生活,受战争的影响,国内政局一片混乱,政治制度趋向崩溃。这些情形更从反面证实了国家稳定和政治清明是安全幸福生活的基础。

回顾历史,唐太宗李世民开创的贞观之治是中国历史上政治清明的典范,唐太宗作为一国之君能够虚怀纳谏,接受批评,大臣能齐心辅助安心治国,政治清明若水,鲜有冤假错案,向来为中国史学家所津津乐道。唐太宗李世民先后接受了谏臣魏征二百多次批评规劝,所谓忠言逆耳,不仅仅魏征,在贞观年间还出现了许多冒死直言进谏之士,他们帮助唐太宗少犯许多错误,使其明察秋毫,知人善任。唐朝的政治清明开创了中国历史上的"贞观"盛世。

(二)经济稳定快速增长为公民树立了自信幸福

经济的稳定增长给国民的生活带来的更多的是物质上的丰富和生活上的富足,但是更主要的是给国民带来了自信的幸福生活。幸福社会建设本质上是一种上层建筑形态,这种上层建筑形态要得以建立和稳固,就必须有坚实的、强大的经济基础作支撑。幸福虽然不能完全等同于物质上的富足,但谁都知道,没有物质上的富足,幸福就是无源之水、无本之木,根本无从谈起。

所谓"贫贱夫妻百事哀"的不幸福状态,就是由于物质的贫乏所引起的。因此,对于幸福社会的构建而言,发展经济、壮大经济实力,肯定是内在的、必然的要求。[1]没有整体上的经济增长的保障,国民的物质生活便没有办法得到保证,电影《一九四二》反映了没有经济厚实的保证,人民就会颠沛流离,仅仅为了一个馒头就会引起混乱和社会的动乱。从这里我们可以看到只有国家保证经济的发展,才能为国民创造出致富的机遇,也才可以让国民有过幸福生活的动力和欲望。

经济繁荣是和谐社会的重要内容,构建幸福社会必须坚持用发展的办法解决发展中的不和谐问题,打牢坚实的物质基础。加快发展是解决一切问题的关键。这是实践再次证明了的一个朴实的真理。"穷生斗,富生安。"离开了发展,前进中的矛盾和问题就难以解决,社会就难以稳定;离开了发展,人民幸福就无从谈起,最终构建和谐社会就会成为一句空话。[2]最终也就无法构建幸福社会,公民的幸福感更无法有任何提升。

(三)社会公共基础服务为公民树立了基本幸福

社会公共基础服务是国家为公民提供的基础的生存保证,以2008年经济危机中冰岛国家经济崩溃作为参考,我们可以发现,虽然国家经济崩溃,但是由于国家福利制度和社会保障制度的完善,人民还可以相对安全自在地生活,国家经济衰败并未对国民产生较大影响,从这里我们可以看到社会公共服务对于国民幸福生活的影响。在社会公共服务中,影响较大的便是社会福利体系,社会主义是一个古老的学说,也是近现代以来世界范围的一个内容极其丰富的社会实践,中国特色社会主义建设包括了丰富的内容,但在这里强调的是其特点之一即社会公共福利最大化,社会公共福利最大化在很大程度上取决于政府所提供的公共服务的水平。这种公共服务包括了教育、卫生、养老、低保、失业救济、住房、文化等多项公共服务和社会民生保障。[3]

---

[1] 张书林,《幸福社会构建浅析》,桂海论丛,2012年03期。
[2] 张导平,《以科学发展观为指导建设幸福社会》,党政论坛,2010年10期。
[3] 王霄,王丽玲,曹书敏,阎连朵,《幸福社会的分析维度和具体内容》,河北科技师范学院(社会科学版),2011年01期。

没有国家公共服务的保证，也就没有个人幸福生活服务的保证。

二、公共幸福最终要落实到每个个体的感受上

公共幸福，是指大多数社会公众为了个体或集体的美好愿望，在创造以及享受劳动成果的过程中，基于物质生活和精神生活的美满而产生的一种持久的、深刻的、美好的心理状态和心理体验。公共幸福的创建不仅仅只为了谋求大多数人的幸福生活和普遍幸福，更要最终落实到每个个体的幸福感受上。而要让每个个体都从公共幸福中体会到个体幸福，则更需要注重公平和保护。

（一）幸福社会建设要注重公平

十八大报告强调"更公平""人民共享"的发展思路，我们党把保障社会公平正义摆到了更加突出的位置，这些具有建设性的新表述、新思想和新论断，实际也是围绕提升人民幸福的主题。依靠社会公平保障老百姓不受制度性的羞辱，给予每个职业平等参与和分享的自由权利，这是平衡老百姓幸福感巨大差距的强力杠杆。自从实行市场经济以来，社会阶层的分化和各种划分版本就层出不穷，而社会上"富二代"、"穷二代"、"官二代"这些词语的出现更加剧了社会不公平分配带来的群众负面情绪。而这些词汇的兴起，都是和一些引人注目的极端的社会性事件联系在一起的。比如"富二代"的飙车，基层的官位世袭现象，大学生自杀事件等。人们之所以如此关心二代现象，更多的是因为资源分配不公，阶层日益固化，在社会代际之间遗传，社会断裂得不到有效弥合。

在行业和企业中，某些垄断行业凭借垄断地位带来的高收益，为领导和管理者实行高工资高福利的制度，他们的领导和管理者的确"幸福"，但这不是幸福社会的真正涵义。某些部门和行业凭着优势地位，一心一意为本部门谋福利，不顾及其他需要照顾的群体，这也不是幸福社会。例如，2011年12月1日，第四届中国劳动论坛上，人保部劳动工资研究所发布相关报告显示，目前平均工资最高的行业是金融业，70146元；最低的行业是农林牧渔业，16717元。最高与最低之比为4.2:1。

(二)注重对弱势群体的保护

发达的文明社会,尤其体现在对弱势群体的照顾上。2012年,中央媒体发起的关爱阿尔茨海默病老人的行动赢得一片赞誉;国家层面推进的无障碍设施建设标准为无数残疾人、失能人群提供了公平发展的平台;乙肝病人、艾滋病人敢于拿起法律武器,向歧视说"不"……这些细微之处的进步,都是向着公共幸福着手,最终实现一个个特定个体的个人幸福。这是幸福社会建设的应有之义。

社会公共幸福不应仅仅着眼于较多数人的幸福生活,更应关注那些弱势群体的生活,让这些个体更能得到幸福的生活。社会的公共幸福也最终要落实到这些个体层面上来,让每一个个体不因自身弱势而受到不公平的待遇,而更多的得到社会的关照,让他们也同享幸福社会的幸福生活。政府作为组织者和协调者在营造社会公共幸福的同时更应该注重每个个体的幸福感,将公共幸福落实到个体身上。近年来,我国政府对社会工作专业人才队伍建设进行了大力推进,有理由期待,随着社工专业在全国的逐步推进,弱势群体的幸福水平必然得到较好的保障和提升。

三、幸福是需要每个成员共建共享的共同的结合

幸福是个体和公共的整体幸福,个体幸福离不开公共幸福的保障,公共幸福又需要个体幸福的共同营造,而公共幸福又最终要落实到个体幸福的实体上。总而言之,幸福需要的是社会每个成员和社会组织的共建。

(一)幸福需要个体力量的融合

幸福社会不是一个抽象的概念,而需要每个个体都参与建设,随着传媒行业的发展,社会中每个个体为社会做出的贡献,即使是微小的贡献也会被社会所认知,得到大众的赞扬。世上最美的妈妈吴菊萍双手接住从10楼掉下的孩子的事件受到了广大群众的高度赞扬,而她自己经诊断左手臂多处骨折,受伤较严重,完全康复可能需要半年时间。"这是本能,是作为一个母亲应该做的事情。"吴菊萍一直这样解释自己的救人动机。社会幸福需要个

体的力量的共建，只有这样，人民才能共享整个社会的幸福成果。

同样的感人事件发生在北京"7.21"暴雨中，京港澳高速被淹，150名农民工不顾自身安危，将200多名乘客营救到安全地带。面对致谢和酬金，他们却质朴地说道：这是做人的本分，一个人的良心。也正是这些个体力量的融合真正诠释了幸福的价值，给幸福社会带来一丝温暖，让整个社会有了爱的存在。同样是那天晚上，因北京暴雨影响，首都机场滞留大批旅客。出租车从机场到市内行驶困难，很多桥无法通行。群众中有人自发组织了"望京人赴机场免费救援"车队，车队集结了二十余辆车，开赴首都机场接人。而在北太平桥下，几个井盖被水压冲开，每个井盖都有一名环卫工人把守，拿身体作警告标志。广渠门桥下被淹的车辆拖不出来，一名警察对人群喊道："谁来帮忙拉一把？"结果几十人冲上去。此外，在雨中，还发生了更多感人故事。一对母女在暴雨中跋涉了1公里后，一位不认识的市民开车将她们送回了家；一个饭馆里的小男孩一直站在没过膝盖的水里，告诉路人有个井盖被顶起来了……正是因为这些个体力量的融合，让社会有了一种共患难的意识，人们也开始关注社会的公共幸福，开始为每个个体的生命安全和财产安全尽自己的一份力量，也因为这些个体力量的融合，社会才更多了一些正能量，幸福社会才有了更加深刻的内涵。幸福需要个体的力量的融合，不仅仅是个体的幸福生活，更是一种与社会，与他人的共建共享的幸福。

（二）幸福需要社会组织的力量

幸福社会更需要社会组织的力量的共建，社会组织作为一个有着人力资源的组织群体，在幸福社会的建设过程中更应注入更多的力量，为建设幸福社会而做出组织的贡献。志愿者组织是一个庞大的自愿组织，也因为这些无私奉献的群体的存在，幸福社会更多了许多的热心和无私之人。中国青年志愿者是一个以青年为主体的志愿者组织，它们有着自己的品牌活动，关爱农民工子女、西部计划、海外服务计划、抗震救灾志愿者、上海世博志愿者服务、志愿者微笑服务奥运会。这些志愿者无私的奉献，在北京奥运会和上海世博会上充分展现了中国形象，他们的笑容成为了中国的符号，也成了中国人民幸福的标志。日常生活中我们也随处可以看到志愿者的身影，在农民工子弟学校，志愿者为学生教授课程；在街道上，志愿者为行人指路；在公交站，志愿者在维持秩序。而当国家面临重大自然灾害的时候，志愿者的身影更随处可见，在志愿者身上，中华民族的美德体现得淋漓尽致。

与志愿者组织类似的是社会公益组织。社会公益组织一般是指那些非政府的、不把利润最大化当作首要目标，且以社会公益事业为主要追求目标的社会组织。早先的公益组织主要从事人道主义救援和贫民救济活动，很多公益组织起源于慈善机构。因为这些社会公益组织的存在，社会更有了一股公共的爱心，生活在社会中的每个个体也有了一种家的关怀。发生在上海市长宁区北翟路协和路路口的事件很有代表性，快递员秦小亮17600元现金在去银行途中从口袋掉落并被风吹散，现场有人捡起归还，有人捡钱离开，小秦当时只拿回3700元，最后在公益组织的捐助和有德人的归还后小秦手里拿到了22450元。这一事件有了一个完美的结局。在得知这一事件后，公益组织立即联系小亮并主动捐助让他感觉到了社会的温暖。很多的公益组织都扮演着这种助人的角色，李连杰成立的壹基金，提倡每个人捐赠1元钱，以"尽我所能，人人公益"为愿景，致力于搭建专业透明的壹基金公益平台，专注于灾害救助、儿童关怀、公益人才培养三大公益领域，帮助了很多儿童解决了上学难的问题，圆了更多儿童的成才梦。整个社会因为有了这些社会组织的力量，变得不再冷漠，变得温馨而幸福，每个个体生存在这个社会集体中都能随时感觉到幸福。因为社会组织的存在，在面对困境的时候，个体可以随时得到更多的帮助，解决问题，也因为社会中个体力量的融合，让社会组织不再是一个单纯的机构，而是整个社会的一个整合，所有的个体，所有的组织为的都是营造一个幸福的社会。

小结

本章讨论的是个人幸福与公共幸福的关系，个人是生活在群体中的，个体的幸福离不开所在群体的公共幸福，政治清明、国家稳定为公民树立了安全幸福，经济稳定快速增长为公民树立了自信幸福，社会公共基础服务为公民树立了基本幸福，如果没有公共幸福，个人幸福就无从谈起。同时，公共幸福最终要落实到每个个体的感受上，这就要求幸福社会建设要注重公平，注重对弱势群体的保护。依靠社会公平保障老百姓不受制度性的羞辱，给予每个职业平等参与和分享的自由权利，这是平衡老百姓幸福感巨大差距的强力杠杆；而且，社会公共幸福不应仅仅着眼于较多数人的幸福生活，更应关注那些弱势群体的生活，让这些个体更能得到幸福的生活。总之，幸福需要每个成员的共建共享，需要个体力量的融合，也需要社会组织力量的参与。

第四章

全面建成小康社会与"幸福路线图"

改革开放 30 多年以来,党和政府从开始就为民众设计了一条幸福的路线图,从开始的小康社会蓝图到"三步走"战略的制定,再到"三个代表"思想的提出,全面建设小康社会蓝图的构建,再到和谐社会的总体构想,进而走科学发展观的科学道路,到如今的全面建成小康社会的战略,最终归于幸福社会的理想,这是一条徐徐而渐进的幸福路线图。幸福路线既是一个大政方针的总体设计,更是利国利民的一条发展路线,党和政府关注国富民强,关注个体的幸福生活,关注社会的普遍幸福,从政治、经济、社会、人文、生态和文化等各个方面构想了一幅全面的小康社会的幸福生活蓝图,不仅仅是物质的丰富,也包括精神文化素养的提升,让国民更有尊严、更自信地过着高质量的有着高幸福感的生活。

一、幸福路线图

(一)幸福路线图的阐述

提到幸福路线图,个人将其解读为幸福的路线图,所谓幸福,重点在于党和政府在建设小康社会的过程中对人民生活水平和质量的提高,集中在物质,精神和文化上的满足,从社会发展的角度来看,是大众对于自身需求在得到实现后获得的心理满足程度的体现。路线图,则更侧重于小康社会的发展历程。从 20 世纪 70 年代到现在,党和政府一直在提、在做、在努力的事就是建设小康社会。小康这一概念,最早要追溯到《诗经》。[1] 而真正有政策、有目标地将传统的历史的小康社会蓝图付诸实践的则是中共第二代中央领导人邓小平,那时的中国正迈向现代化的征程,在此之后,历经30多年的改革和发展,中国的小康社会逐步完善,从小康社会到总体小康,再到全面建设小康社会,进而到全面建成小康社会,形成了一幅小康社会的路线图。从历史的轨迹上来看,在这段时间里,人民的生活水平得到了大幅度的提高,小康社会带来的物质、精神和文化上的提升也在社会各个层面有着充分的体现,基于此,将小康社会的路线图和期间民众的幸福指数提高总称为幸福路线图。

(二)幸福路线图[2]

早在1979年12月6日,邓小平在会见日本首相大平正芳时,大平正芳问道:"中国根据自己的立场提出了宏伟的现代化规划,将来会是什么样的情况,整个现代化的蓝图是如何构思的?未来的中国会是什么样的?"根据我国经济发展的实际情况,邓小平第一次提出了"小康"概念以及在20世纪末我国达到"小康社会"的构想。他说:"我们要实现的四个现代化,是中国式的四个现代化。我们的四个现代化的概念,不是像你们那样的现代化的概念,而是'小康之家'。到本世纪末,中国的四个现代化即使达到了某种目标,我们的国民总产值也还是很低的。要达到第三世界中比较富裕一点的国家的水平,比如国民生产总值人均一千美元,也还得付出很大的努力。"在这之后,他又多次提出了这一构想。这是邓小平首次用"小康"这个概念来描述中国的发展前景,也是第一次用"小康"代替此前"四个现代化"的提法。

1980年1月16日,在中共中央召集的高层干部会议上,邓小平重提"小康"概念,这一次他有了更深入的解读。"前不久一位外宾同我会谈,他问,你们那个四个现代化究竟意味着什么?我跟他讲,到本世纪末,争取国民生产总值每人达到一千美元,算个小康水平。这个回答当然不准确,但也不是随意说的。现在我们只有二百几十美元,如果达到一千美元,就要增加三倍

---

[1] 在《诗经》"大雅·民劳篇"中提到:"民亦劳止,汔可小康,惠此中国,以绥四方。"
[2] 张凡,罗屿,《2020小康国家路线图》,小康杂志,2012年12期。

新加坡、香港都是三千多。我们达到那样的水平不容易，因为地广人多，条件很不一样。但是应该说，如果我们的国民生产总值真正达到每人平均一千美元，那我们的日子就比他们要好过得多。"四个现代化—中国式四个现代化—中国式现代化—小康。这个可以称之为小康社会的开端。在此之后，整个国家进行土地改革，施行家庭联产承包责任制，解放劳动力，解放生产力，促进了经济的发展；而后解放思想，做出了改革开放的重大战略部署，开放经济特区，开放沿海城市，并逐步深入内陆，中国的经济注入了一股强劲的发展剂，开始迅猛发展，小康社会的路线也逐渐清晰。

党的十二大则正式引用了小康社会这一概念，并把它作为20世纪末的战略目标。时任中共中央总书记胡耀邦在报告中称："从1981年到本世纪末的20年，我国经济建设总的奋斗目标是，在不断提高经济效益的前提下，力争使全国工农业总产值翻两番……实现这个目标，城乡人民的收入将成倍增长，人民物质生活可以达到小康水平。"人民的生活在"小康社会"达到"小康水平"，是指在温饱的基础上，生活质量进一步提高，达到丰衣足食。

在1987年十三大上，邓小平同志不仅描绘了小康社会的发展蓝图，而且构想了建设小康社会的跨世纪发展战略，即著名的"三步走"发展战略。第一步，从1981年到1990年，国内生产总值翻一番，解决人民温饱问题；第二步，从1991年到20世纪末，国内生产总值再翻一番，人民生活水平达到小康水平；第三步，到21世纪中叶，人均国内生产总值达到中等发达国家水平，人民生活比较富裕，基本实现现代化。然后，在这个基础上继续前进。三步走战略的部署可以说是小康社会的具体化、细致化。

20世纪80年代，可以说是一个构思、构建、定义的时期，邓小平同志不断地谈起"小康"，不断地修正、补充对"小康"的定义，小康社会有了清晰的蓝图和路线，也有了比较明确的发展目标。中国经济开始腾飞，并逐步成为世界上经济发展速度最快的国家。

1995年党的十四届五中全会规划了到2010年经济和社会发展的主要奋斗目标。1996年10月10日，在中共十四届六中全会上，江泽民提出"社会主义社会是全面发展、全面进步的社会"。之后他又强调，"社会主义社会作为人类历史上崭新的社会形态，是以经济建设为重点的全面发展、全面进步的社会。经济、政治、文化协调发展，两个文明都搞好，才是有中国特色的社会主义"。"全面小康"的概念事实上已经初具雏形，江泽民表达的意思已经很清楚，全面建设小康社会应该是一个经济、政治、文化、社会等全面发展的目标。

1997年，江泽民同志在十五大报告中提出"建设小康社会"的历史新任务。进入新世纪，我国进入全面建设小康社会、加快推进社会主义现代化的新的发展阶段。大会也提出了中国现代化建设"小三步走"的发展战略，即：21世纪第一个十年实现国民生产总值比2000年翻一番，使人民的小康生活更加宽裕，形成比较完善的社会主义市场经济体制；再经过十年的努力，到建党100周年时，使国民经济更加发展，各项制度更加完善；到21世纪中叶建国100周年时，基本实现现代化，建成富强民主文明的社会主义国家。

2002年党的十六大提出了到2020年全面建设小康社会的奋斗目标，并作出具体的战略部署。全面建设小康社会是我国实现现代化建设第三步战略目标必经的承上启下的发展阶段，也是完善社会主义市场经济体制和扩大对外开放的关键阶段。十六大报告还从经济、政治、文化和可持续发展等四个方面提出了全面建设小康社会的具体奋斗目标。在十六大的报告中明确指出："综观全局，21世纪头20年，对我国来说，是一个必须紧紧抓住并且可以大有作为的重要战略机遇期。根据十五大提出的到2010年、建党一百年和新中国成立一百年的发展目标，我们要在本世纪头20年，集中力量，全面建设惠及十几亿人口的更高水平的小康社会。"

十七大从实际出发，适应国内外形势发展的新变化，顺应人民过上美好生活的新期待，在党的十六大的基础上，又进一步提出了"实现全面建设小康社会奋斗目标的新要求"。这些要求主要包括：增强发展协调性，扩大社会主义民主，加强文化建设，加快发展社会事业，建设生态文明等五个方面。这些要求是对党的十六大目标的补充和充实，总的来说比党的十六大目标稍高，要求更严，经科学测算，也都是符合实际，能够实现的，尤其是充分体现了科学发展观的精神。

党的十八大报告郑重宣告："确保到 2020 年实现全面建成小康社会宏伟目标"，同时提出，根据我国经济社会发展实际，要在十六大、十七大确立的全面建设小康社会目标的基础上努力实现新的要求。

改革开放 30 多年来，沿着历史的轨迹，围绕着小康路线，党和政府做出的各项决策，逐步深入，徐徐渐进，着眼于整体规划，小康社会的蓝图也逐步清晰，路线也渐渐夯实，经济发展强劲，其最终的目标是为全国人民谋福祉，为国民生活水平的提高而努力，这条小康社会的路线，也确实是一条"幸福路线图"。

二、全面建成小康社会

（一）小康社会的基本标准

小康社会的标准，最初的提法是：一是人均国内生产总值超过 3000 美元。这是全面建成小康社会的根本标志。二是城镇居民人均可支配收入达到 1.8 万元。三是农村居民家庭人均纯收入达到 8000 元。四是恩格尔系数低于 40%。五是城镇人均住房面积达到 30 平方米。六是城镇化比率达到 50%。七是居民家庭计算机普及率达到 20%。八是大学入学率达到 20%。九是每千人医生数达到 2.8 人。十是城镇居民最低生活保障率达到 95% 以上。[1]

根据国家统计局《中国全面建设小康社会进程统计监测报告（2011）》，当前的小康社会建设成就无论是主要内容还是地区发展，都呈现了良好的势头：

1. 中国全面建设小康社会进展顺利，实现程度由 2000 年的 59.6% 提高到 2010 年的 80.1%。主要表现在经济发展、社会和谐、生活质量、民主法制、文化教育、资源环境等六个方面：（1）经济发展取得重大成就，实现程度由 2000 年的 50.3% 提高到 2010 年的 76.1%。（2）社会和谐程度逐步改善，实现程度由 2000 年的 57.5% 提高到 2010 年的 82.5%。（3）人民生活质量显著提高，实现程度由 2000 年的 58.3% 提高到 2010 年的 86.4%。（4）民主法制逐步健全，实现程度由 2000 年的 84.8% 提高到 2010 年的 93.6%。（5）文化教育事业稳

---

[1]《小康社会十项指标》，广州日报，2002 年 12 月 30 日。

步发展，实现程度由 2000 年的 58.3% 提高到 2010 年的 68.0%。(6) 资源环境保护态势良好，实现程度由 2000 年的 65.4% 提高到 2010 年的 78.2%。

2. 四大区域（东部、中部、西部和东北）全面建设小康社会的实现程度均有上升，但区域间差距仍然较大。(1) 东部地区实现程度最高，发展速度最快。(2) 中部地区实现程度较低，但发展速度较快。(3) 西部地区实现程度和提升幅度均低于东部和中部，但已现加快势头。(4) 东北地区实现程度较高，发展速度较快。

3. 全面建设小康社会的实现程度均有所加大，"十一五"时期增速快于"十五"时期。无论是从小康社会的六大方面，还是分地区的实现程度，都有较大提高。

（二）全面建成小康社会的具体阐述

十八大报告提出，根据我国经济社会发展实际，要在十六大、十七大确立的全面建设小康社会目标的基础上努力实现新的要求：经济持续健康发展，转变经济发展方式取得重大进展，在发展平衡性、协调性、可持续性明显增强的基础上，实现国内生产总值和城乡居民人均收入比 2010 年翻一番；人民民主不断扩大；文化软实力显著增强；人民生活水平全面提高；资源节约型、环境友好型社会建设取得重大进展。必须以更大的政治勇气和智慧，不失时机深化重要领域改革，坚决破除一切妨碍科学发展的思想观念和体制机制弊端，构建系统完备、科学规范、运行有效的制度体系，使各方面制度更加成熟更加定型，这样才能实现全面建成小康社会的目标。

党的十八大报告不仅把"全面建设小康社会的目标"调整为"实现全面建成小康社会宏伟目标"，而且郑重宣告："确保到 2020 年实现全面建成小康社会宏伟目标"，同时提出，根据我国经济社会发展实际，要在十六大、十七大确立的全面建设小康社会目标的基础上努力实现新的要求。即经济持续健康发展，人民民主不断扩大，文化软实力显著增强，人民生活水平全面提高，资源节约型、环境友好型社会建设取得重大进展。为了实现"城乡居民人均收入比 2010 年翻一番"这一新的目标要求，必须在保持经济发展势头的同时，深化收入分配制度改革，改变不合理的收入分配格局，以保证城乡居民收入真实有效地增长，使经济发展成果更多地由人民分享，特别是要让广大农民平等参与现代化进程、共同分享现代化成果，缩小城乡居民收入差距。要保证"人民民主不断扩大"、"文化软实力显著增强"、"人民生活水平全面提高"、"资源节约型、环境友好型社会建设取得重大进展"等新的目标要求，同样需要不失时机推进相应的体制改革，而且一些相关领域的改革需要进一步加大力度。

虽然形势大好，目标明确，但全面建成小康社会仍是一项比较艰巨的任务，五位一体的部署，政治、经济、社会、文化、生态环境的齐头并进，距离人民的期待都还有一定的差距，这不仅仅需要党和政府的努力，也需要全国人民的万众一心，更需要海内外中华儿女的共同奋斗。

三、和谐社会与幸福社会建设

（一）和谐社会的提出及其内涵

党的十六届三中全会系统完整地提出了以人为本的科学发展观，这是社会主义和谐社会论断的前奏。[1]党的十六届四中全会则最终把和谐社会建设提上了战略高度，并把它作为加强党的执政能力建设的五项任务之摆在了全党面前。

和谐社会是一个全面协调的社会，不仅包含了道家天人合一的思想，更囊括了社会互动的理论概念，是整个社会包括个人、自然的一个同步协调发展的和谐社会。从政治上来讲，需要政治体制内部各个机构之间的和谐运作，需要党和政府的和谐管理；从经济上来讲，需要行业之间的协调发展，需要农业、工业和服务业的和谐发展，更要注重生产力和生产关系的和谐运行；从文化上来讲，需要个人素质和社会文化的并向发展，也需要教育和文化的同步进行；从生态上讲，不仅要注重环境保护和经济发展的协调，也要注意绿色建设和水系建设的配合。和谐社会应该是各个方面的协调运行，要求高素质高质量的生活状态，更要求精神层面的高度和谐。

---

[1] 王伟，《社会主义和谐社会的内涵、特征及其构建》，攀登，2005年03期。

（二）和谐社会与幸福社会的关联

和谐社会的本质就是幸福社会，幸福视界中的和谐社会是全面的、动态的和谐，即人与自然、人与社会、人与人、人与自身的和谐。其中，人与自然的和谐是幸福的前提，个人与社会的和谐是幸福的保障，人与人的和谐是幸福的标志，人与自身的和谐是幸福的核心。[1] 在这段论述中我们可以看到，和谐社会更注重的是精神层面的幸福感受，更多的要求的是一种高质量的生活品质，幸福社会在某种程度上包括了和谐社会的主要内容，幸福社会是小康社会的物质丰富和和谐社会的精神境界的统一，可以说和谐社会的构建为幸福社会奠定了一定的基础。和谐社会是一个全面的统一的社会，幸福观照下的和谐不再是单向度的消极的和谐，而是多维度的、积极的和谐，即人与自然、人与社会、人与人、人与自身的和谐，并在和谐中凸显人的主体价值，为人们获得丰富的、全面的幸福创造各种有利条件，促使社会朝着越来越文明、充满人性的方向发展，从而提高人们的幸福水平。

四、中华民族伟大复兴与幸福社会建设

（一）中华民族的伟大复兴

实现中华民族的伟大复兴是每一个中华儿女的历史责任，也是国家给予个人的最大的幸福目标。毛泽东曾经说过："我们这样的国家，可以而且应该用'伟大的'这几个字。我们的党是伟大的党，我们的人民是伟大的人民，我们的革命是伟大的革命，我们的建设事业是伟大的建设事业。六亿人口的国家，在地球上只有一个，就是我们。"如今我们是世界上人口最多的国家，国家经济高速发展，有着光明的发展前景。近代以来，中华民族面对着两大历史任务：一个是求得民族独立和人民解放；一个是实现国家繁荣富强和人民共同富裕。前一个任务已经实现，如今我们追求的就是国富民强，让广大民众过上一个幸福的生活。习近平总书记在参观《复兴之路》展览时指出："每个人都有理想和追求，都有自己的梦想。现在，大家都在讨论中国梦，我以

---
[1] 陈湘舸，张修红，《论幸福视界中的和谐社会》，福建论坛·人文社会科学版，2010年03期。

为,实现中华民族伟大复兴,就是中华民族近代以来最伟大的梦想。这个梦想,凝聚了几代中国人的夙愿,体现了中华民族和中国人民的整体利益,是每一个中华儿女的共同期盼。历史告诉我们,每个人的前途命运都与国家和民族的前途命运紧密相连。国家好,民族好,大家才会好。实现中华民族伟大复兴是一项光荣而艰巨的事业,需要一代又一代中国人共同为之努力。空谈误国,实干兴邦。我们这一代共产党人一定要承前启后、继往开来,把我们的党建设好,团结全体中华儿女把我们国家建设好,把我们民族发展好,继续朝着中华民族伟大复兴的目标奋勇前进。"[1]

(二)民族复兴与幸福社会的关联

中华民族的伟大复兴是国家层面的最高理想蓝图,也是幸福路线图的国家总设计。全国人大代表吴仕民2013年3月6日在参加宁夏代表团审议政府工作报告时说,中华民族的伟大复兴,是各民族共同的梦想。要为西部和民族地区经济社会发展提供更加有力的政策支撑,使各地区同步建成全面小康社会。民族复兴最终要落实到国民的幸福生活上来,为构建幸福社会而做强有力的保障,国家富强了,民族复兴后民众在生活中才更加有自信有尊严,中国立于世界民族之林才更有话语权,海外的中华儿女更会为祖国的强大而充满自豪感,为有强大的中华民族而骄傲。同时也应注意到,小康强调物质的富足,和谐强调精神层面的表达,而幸福社会则是综合了物质与精神,是最高也是最难实现的。民族复兴则是国家层面的路线图,最终还是要落实到国民的幸福上。中华民族的伟大复兴并不意味着对他国的威胁,而是为了民众的幸福生活,最终也是要落实到国民经济的发展上来,为社会普遍幸福的进一步提升做强有力的支撑。幸福路线图是一个循序而渐进的过程,在整个路线中,国家做着整体的协调和规划,不论发展经济还是生态文明的建设,在政治清明和社会稳定的基础上,都是为了民众的最终的幸福生活,更是为了幸福社会的完美构建。

---

[1] 新华网报道:http://news.xinhuanet.com/politics/2012-11/29/c_113852724.htm。

小结

本章着重讲述了全面建成小康社会与"幸福路线图",改革开放以来,从小康社会蓝图到"三步走"战略的制定,从"三个代表"思想的提出到全面建设小康社会蓝图的构建,从和谐社会的总体构想到科学发展观的道路,再到如今的全面建成小康社会的战略,最终都要归于幸福社会的理想,形成一条循序渐进的幸福路线图。本章先从定义上对幸福路线图进行了阐述,进而又以时间为脉络阐述了路线图形成的过程。同时,对全面建设小康社会的基本标准进行了分析,进而明确了当下全面建成小康社会的形势。此外还阐述了和谐社会和幸福社会建设的关系,和谐社会的本质就是幸福社会,幸福视界中的和谐社会是全面的、动态的和谐,即人与自然、人与社会、人与人、人与自身的和谐,可以说和谐社会的构建为幸福社会奠定了一定的基础。实现中华民族的伟大复兴与幸福社会建设的关系也十分密切,实现中华民族的伟大复兴是每一个中华儿女的历史责任,也是国家给予个人的最大的幸福目标。

第五章

地方政府——以公共幸福提升为施政目标

一、越来越受关注的国民幸福感

2012年底,中央电视台《走基层·百姓心声》对于基层民众"你幸福吗"的调查采访使"幸福"成了热门词汇,引发当代中国人对幸福的深入思考。"你幸福吗?"一个简单的问句背后蕴含着一个普通中国人对于所处时代的政治、经济、自然环境等方方面面的感受和体会。近年来,关于"幸福感"和"幸福指数"的调查和排名层出不穷,这些调查或来自官方、或来自学界、或来自企业,但都有一个共同的指向,那就是当代的中国人。

在国内,对幸福指数的测量首创者当推新华社《瞭望东方周刊》和奚恺元教授。2004年4月,《瞭望东方周刊》与奚恺元教授合作,对北京、上海、杭州、武汉、西安、成都六大城市进行了一次幸福指数测试,随后以封面文章形式对此进行了报道。

最早提出国民幸福是在2005年全国"两会"期间,中国科学院院士程国栋就向会议提交了一份题为《落实"以人为本",核算"国民幸福指数"》的提案。程院士建议从国家层面上构造由政治自由、经济机会、社会机会、安全保障、文化价值观、环境保护六类构成要素组成我国的国民幸福核算指标体系。社会学家从社会指标和生活质量的角度考察主观幸福感，关于生活质量、主观幸福感、小康社会指标等学术探讨的文章和著作越来越多。

回顾中国改革开放30多年来，人民物质生活水平得到极大提高，快速发展的经济和文化，对当代中国人特别是青年人的价值观和幸福观的形成产生了重大影响，中国人产生了新的选择困惑和幸福困惑；当前世界各国在关注经济发展的同时，越来越将注意力转向国民幸福问题，中国政府对此问题的重视程度也不断加强，国务院前总理温家宝就曾在2010年的政府工作报告中明确提出"要让人民生活得更加幸福、更有尊严"，将提升国民的幸福感作为一项涉及民生的重要工作。今天把中国人的幸福观重新提到政府工作的议程中，既是时代发展的新要求，也是党和政府关注民生的新表现。

（一）最早提出幸福施政目标的"政府"

如果说GDP（国内生产总值）、GNP（国民生产总值）是衡量国富、民富的标准，那么我们应该还需要一个衡量人的幸福快乐的标准。在国际社会，这个出现时间并不算长的标准叫GNH——Gross National Happiness，国民幸福总值，也可以称作国民幸福指数，幸福指数是衡量人们对自身生存和发展状况的感受和体验，是人们的幸福感的一种指数。

GNH最初的雏形是由不丹王国的国王吉格梅·辛格·旺楚克（Jigme Singye Wangchuck）提出的，他认为政策应该关注幸福，并以实现幸福为目标。他提出，人生基本的问题是如何在物质生活和精神生活之间保持平衡。在这种执政理念的指导下，不丹创造性地提出了由政府善治、经济增长、文化发展和环境保护四级组成的"国民幸福总值"（GNH）指标。

不丹现任政府成立之初，人均月收入不足16美元，要快速"富起来"，根据其每平方公里仅36人、自然资源如此丰富的条件，卖地和卖资源招商引资拉动GDP也许是最好的办法。但不丹对这种短视且疯狂的经济增长模式嗤之以鼻。

20世纪70年代，不丹国王创造性地提出了GNH（Gross National Happiness，国民快乐总额）这一概念，使之成为不丹政府的最高工作目标。

他认为"政策应该关注幸福,并应以实现幸福为目标","我们必须要知道,推动新世纪前进的这些剧烈变革(信息技术的发展,生物多样化与文化发展的多样性的萎缩,急速发展的社会与经济自动化)将对未来的幸福产生怎样的影响","全球资本主义和竞争激烈的国际贸易是否会让人们更加不快乐,是否会增加人生的不确定性"。他提出,人生"基本的问题是如何在物质生活(包括科学技术的种种好处)和精神生活之间保持平衡"。不丹王国指定政策的依据则是"在实现现代化的同时,是否会失去精神生活,平和的心态和国民的幸福"。这个令人耳目一新的"幸福指数"包括四项基本内容:环境保护、文化推广、经济发展和良政。20年后,世界上不少著名的经济学家把目光投向这个南亚小国,并开始认真研究"不丹模式"。美国的世界价值研究机构开始了"幸福指数"研究,英国则创设了"国民发展指数"(MDP),考虑了社会、环境成本和自然资本。日本也开始采用另一种形式的国民幸福总值(GNC),更强调了文化方面的因素。

幸福与财富原来是同一个概念。在50年以前还处于没有货币的物物交换经济状态之下的不丹,在近50年间一直保持较高的经济增长率,现在已经超过印度等其他国家,在南亚各国中是国民平均收入最多的国家,在世界银行的排行榜中也大大超过了其他发展中国家成为第一位。作为当前世界几乎唯一的一个抛弃了GDP模式的国家,不丹甚至有一个"不丹全民幸福快乐委员会",委员会的重要工作,是将"幸福社会"的模式分成4个支柱、9个区域和72项指标,每隔两年会通过全国性的问卷调查重新做一次评估。

(二)进入实际操作领域的幸福社会建设

在幸福社会建设过程中,国际组织和西方各国运用社会指标体系的方法,不断进行着创造更美好幸福社会的实践和创新。

1990年起,联合国开发计划署(UNDP)开始发布人类发展报告(HDR——Human Development Report),此后每年一期。人类发展报告体现了阿马蒂亚·森(Amartya Sen)等人所倡导的"以人为本,以自由为导向"的发展观。而且,欧盟社会指标(EU Social Indicators:The Atkinson Report)、经合组织社会指标（OECD Social Indicators）也定期发布。

1966 年，美国社会学家雷蒙德·鲍尔（Raymond Bauer）在其《社会指标》一书中提出"社会指标"。20 世纪 60—70 年代，美国注重运用社会统计资料来指导社会的政策制定。约翰逊总统的"大社会计划"在 1964—1978 年间实施，内容涵盖民权、就业、教育平等、医疗保险、消费者和环境保护等多个领域，在反贫困、提高弱势群体的生活质量方面起到了重要作用。如今，美国联邦政府并没有制定一个统一的指标体系。但是，美国很多州、城市甚至乡镇都构建了自己的综合评价体系。英国发布社会发展指标（UK indicators of Social Development）、可持续发展指标体系（UK Government Sustainable Development Framework Indicators）等[1]。德国的社会指标体系（The German Systerm of Social Indicators）建立了一个详细的指标数据网络，提供了时序数据的指标体系。瑞典统计局从 1974 年以来，就在政府长期的资金资助下建立了一个专门的调查和统计部门来系统和全面地收集和研究社会指标数据。新西兰政府发布社会指标报告（Indicators of The Social Report），澳大利亚国家统计局 ABS（The Australian Bureau of Statistics）发布的度量澳大利亚的进步（Measures of Australia's Progress），加拿大的环境和经济圆桌会议 NRTEE（the National Round Table on the Environment and the Economy）、环境和可持续发展指标 ESDI（Environment and Sustainable Development Indicators），该体系把环境资本和人力资本并列，认为这是加拿大发展的两大支柱。

有学者对当前世界范围内的社会指标体系进行了考察，归纳出一些新的特点：1. 对 GDP 的修正，更加强调经济发展的健康水平；2. 淡化平均指标，强调对穷人和弱势群体的关注；3. 关注弱势群体和特殊群体：孕妇、残疾人士、儿童和青少年的生活状况等；4. 以民意为基础，加入居民的主观感受；5. 强调社会凝聚力（social cohesion）指标，纳入对个人、集体、制度、组织、

---

[1] "Regional Summaries"（Sustainable Development: The Government's Approach- delivering UK Sustainable Development Together）参见网页：http://www.sustainable-development.gov.uk/regional/summaries/index.htm.

国家之间的关系协调的考察；6. 注重环境保护。[1]

在中国，对幸福生活的追求从未中断过。哪怕是"幸福"这一词汇，正出现在学者研究、地方党代会、人代会的文件和政府施政纲领中。国务院发展研究中心根据全面建设小康社会的内涵及其目标确定的原则，借鉴国际经验，以及体现综合性、简洁性和可操作性的要求，设计了一套小康社会的指标体系，包括经济、社会、环境和制度四个方面的 16 项指标，经济方面 4 项指标，社会方面 7 项指标，环境方面 3 项指标，制度方面 2 项指标。[2] 中国政府依靠人民，围绕长期或中期、年度的国民经济和社会发展目标展开论证，制定国民经济和社会发展纲要作为下阶段工作的目标，同时也发布年度的国民经济和社会发展统计公报作为小结，这些纲要和公报，都是幸福社会建设的基础工程。

具体到各地的实践，江苏省江阴市是国内较早提出"幸福"的地区。2006 年 6 月，江阴提出"幸福江阴"构想。宁夏 2007 年就提出了"幸福宁夏"的目标。在 2011 年春天的许多地方两会上，提升居民幸福感成为政府落实科学发展观、转变经济发展方式的新抓手。例如，北京市第十一次党代会报告，提出要"创造更加幸福美好的生活"。北京市委书记郭金龙表示，"让首都人民的生活更加幸福安康"，广东"把保障和改善民生作为建设幸福广东的出发点和立足点"。2012 年以来，这一概念进入更多省市的官方文件，成为地方政府的施政目标。幸福广东、幸福湖北等类似表述正在成为一种趋势。2011 年的数据显示，全国已有 100 多个城市提出建设"幸福城市"，相比之下，"幸福城市"的覆盖面更广，这些城市包括全国大部分省会城市及大量地市级和县级城市。"幸福"，已正式列入政府的责任清单之中。

二、地方政府的幸福探索

地方政府是一个国家政治制度的重要组成部分，不了解前者，就不能了

---

[1] 周长城，谢颖，《经济社会发展综合评价指标体系研究》，社会科学研究，2008 年 01 期。
[2] 《全面建设小康社会指标体系及 2020 年目标值》，引自中国人口信息网：http://www.cpirc.org.cn/rdzt/rd_wx_detail.asp?id=1567。

解后者，与中央政府相比，地方政府与民众的日常生活更为息息相关，也正因为如此，现如今，很多地方政府都已经踏上了探索幸福的道路。

（一）杭州市政府的幸福施政

"2009年度中国最具幸福感城市"揭晓，杭州市委常委、副市长沈坚捧回了"2009中国最具幸福感城市建国60周年特别大奖"，这是组委会鉴于杭州连续多年在调查推选活动中表现优异而给予的奖项，也是杭州第六次摘得幸福桂冠。

"一片湖，一条江，一座山，这是一座得天独厚的城市。西湖边动人的婀娜，钱塘江边追寻的脚步，这是一个懂得将幸福拥揽入怀的城市。没有来这里总是遗憾，来到这里，却不得不离开，更是遗憾。"组委会用"国画长卷，梦想天堂"八个字概括了杭州这座城市。

幸福是什么？生活在杭州这个城市的每个人都有不同的理解。颁奖嘉宾，杭州新锐女漫画家夏达说：杭州的幸福，就是细腻温润，气象万千，永远让人有惊喜；走过七个城市，最终成为新杭州人的开奖嘉宾麦家说："我梦想过天堂的样子，就是杭州的样子。这个城市的幸福在于公益，比如遍布全城的公共自行车，这是一个为老百姓着想的城市。"沈坚，作为一位城市的决策者，他说，幸福仍是对杭州的最高褒奖。"杭州是七大古都之一，是著名的历史文化名城；杭州有闻名遐迩的山水；经济发展也很快，在金融危机中，经济总量仍保持两位数增长。更让我们感到骄傲和自豪的是，杭州连续多年获得'中国最具幸福感城市'荣誉称号。欢欣鼓舞的同时，我们也倍感压力，我们还要保持经济发展，继续夯实幸福的基础；还要加快城市建设，管理好我们的城市；还要进一步提高人民群众的生活水平，让大家生活得更加幸福。"[1]

如此傲人成绩的背后，杭州政府又付出了哪些努力呢？

1. 商业

把促消费作为保增长的关键之举。实施城乡居民收入5年倍增计划和低

---

[1]《中国最具幸福感城市揭晓，杭州第六年蝉联幸福榜首》，杭州网，2009年12月28日。

收入群众增收行动计划,增强居民消费能力。加大对农业农村、生态环境和民生工程投入,把拓市场作为保增长的当务之急。企业实力不断壮大,实施大企业大集团培育计划和中小企业"瞪羚计划",支持民营经济发展,打响"杭商"品牌。

2. 农村

优化农业布局,大力发展生态农业、设施农业和外向型农业。发展农产品物流与农业会展,休闲观光农业。完善农产品质量安全追溯管理制度。

新农村建设取得新成绩。740个村级社区服务中心建成,完善规范2000个村级计生服务室。改造建设农村住房4.9万户。全市低收入农户人均纯收入超过3000元。

3. 旅游文化

发放旅游消费券,加大国际国内旅游促销力度,承办第五届世界旅游目的地管理大会和亚太旅游交易会,推进旅游综合体建设,为当地居民带来了巨大的旅游业收入。推进新一轮商业特色街区建设和市区农贸市场与专业市场改造提升。

同时,杭州政府继续其大力支持文化产业的举措,十大文创园区建设稳步推进。成功举办第五届中国国际动漫节、第三届中国(杭州)文化创意产业博览会和杭州艺术博览会等文化类会展。

4. 公共服务

公共文化建设全面推进。实施"文化惠民"七大工程,累计建成128个乡镇综合文化站,广播电视"村村通"与"村村响"工程实现行政村全覆盖。教育卫生体育事业持续发展,全面实施义务教育学校绩效工资改革。解决17.46万名进城务工人员子女在杭就学并取消借读费、免除杂费和课本费。扩大城乡居民养老保险覆盖面。社会管理与服务得到加强,庭院改善、物业管理改善、道路修缮、截污纳管、背街小巷改善、公厕改造、古井保护、停车场建设、支小路改造、撤村建居环境整治、垃圾直运试点有效推进。实施就业援助计划,投入促进就业资金5.31亿元,重点解决高校毕业生、城镇下岗失业人员、农村劳动力和外来务工人员就业问题。加强社区公共服务站建设,建成社区服务信息统一平台和四级联动网络。新建86家社区老年食堂,完善居家养老服务。向困难群众发放消费券,提高低保对象救助额。

5. 环保建设

生态环境保护取得新突破。实施生态建设"1250"工程643个,截污纳管项目329个。市区新增绿地面积799万平方米。深入推进环境整治,搬迁150家工业企业,整治6条河道和4条道路。启动城市生活垃圾直运等37个城市生态建设项目。深入实施大气环境整治,关停杭州协联热电蒸汽供热网,完成139台热电和103台非热电燃煤锅炉脱硫改造,淘汰高污染车辆超过2万辆。推进"811"环境保护新三年行动,完成31个镇污水处理设施建设和9个省级以上开发区(工业园区)环境整治,萧山片印染化工行业整治通过省级验收。

6. 听取民声,实干为民

杭州政府加强信访维稳工作,完善信访事项终结、违法信访行为处理和领导包案制度,着力化解矛盾纠纷。推进电子政务系统、民情民意调查网络与"网上政务大厅"建设,进一步构建权力阳光运行机制。在其公共网页上的公开版块,对于民众认真提出的意见和建议,都有耐心的回答。

杭州政府每年的政府工作报告都有"集中为民办好十件实事",2010年则有创建充分就业社区;推进医疗保险市级统筹;扩大保障性住房覆盖面;坚持公交优先;开展灰霾天气综合治理;推进食品安全整治,加强农产品质量监管;提升老小区人居环境;实施老小区天然气管道进户工程;富基层文化体育生活;加强社区卫生服务机构建设;改善农民生产生活环境。

(二)GDP 转型的宁波

"十二五"期间,宁波将围绕政府规划进一步完善政绩考核体系,民生、民意指数权重,并且新增的几个关键词更是引起民众的普遍关注"幸福美丽、智慧、生活品质",似乎这些词更符合宁波人务实顾家、注重生活的个性。

"幸福美丽"出现在宁波"十二五"规划首页目录当中,对象是新农村。当然,不仅仅是农村。规划提出,要加快构筑现代都市,促进城乡一体化发展,其中重要内容既包括建设"幸福美丽"新农村，也包括优化城市空间布局和形态。通过行政体制改革，打造智慧城市，缩小城乡收入差距等手段，幸福宁波建设取得成效。宁波自2007年连续三年被评为"中国最具幸福感城市"，且于2009年独夺该奖金奖的宁波，似乎有充分的理由定位幸福。根据该市资料，同样是连续三年，宁波城市综合竞争力均跻身全国十强，下辖县（市）全部进入百强县行列。[1]

小结

在推进幸福社会建设过程中，各级政府责无旁贷。本章回顾了最早提出幸福施政纲领的政府，并从国内外政府在推进幸福社会建设中的实践展开探讨，重点介绍了国内外政府部门从社会指标体系的角度对可持续发展、生活质量等角度展开的测量和统计，这些指标体系和纲领性文件，既是对上一阶段工作的总结，也是下一步工作的目标。

目前，幸福社会建设在我国，从中央政府的愿景，到省级政府层面的推进，再到各地、市、县的探索和实践，都体现了党和政府执政为民、全心全意为人民谋福祉的宗旨和理念。有了坚强的领导核心，有人民群众的智慧和辛勤劳动，幸福社会建设的水平必然越来越高。

---

[1]《幸福美丽——GDP转型的宁波样本》，中国新闻网，2011年03月03日。

第六章

领导干部，为群众幸福而工作

自有人类以来，衣食住行就成为了人们生活的必需。而人民群众的幸福也就在于温饱不愁、生活无忧。群众的幸福与国家发展一直有着密不可分的关系，历代统治者无不把民生问题视为经世治国的根本。汉高祖的"休养生息"、汉光武帝的"光武中兴"、唐太宗的"贞观之治"、王安石变法、明清"一条鞭法"、"地丁银"、"摊丁入亩"等，无不显现着统治者为民为国的施政方针。这一切在一定程度上改善了民众的生活质量，带来了社会的相对和谐稳定，推动了社会的发展进步。

进入新的历史时期，党中央明确指出群众幸福是各级领导干部的工作目标，要切实加强领导干部的作风建设，领导干部作风好了，才能为群众谋福利，为人民办实事。

一、各级党委是幸福社会建设的核心领导力量

中国共产党始终是中国社会主义革命和建设事业的核心领导力量。中国共产党人以历史唯物主义为指导，在总结领导中国人民长期革命和建设实践经验的基础上，将全心全意为人民服务概括为党的根本宗旨。这一根本宗旨最通俗的说法就是"为人民谋幸福"。以毛泽东为代表的中国共产党人领导人民推翻了压在中国人民头上的"三座大山"，建立了新中国。中国人民翻身做了主人，确立了走上幸福生活的基本社会制度基础。经过了改革开放以

来经济上的迅猛发展,我国的综合国力和国民财富迅速积累,为中国人民奠定了走上幸福生活的物质基础。在新的历史时期,以胡锦涛为总书记的党中央对这一宗旨进行了丰富与发展,提出新时期党员特别是党员领导干部要"情为民所系,权为民所用,利为民所谋",提出了要"立党为公、执政为民",要高度重视解决人民群众最关心、最直接、最现实的利益问题,无不体现了党的根本宗旨观,将"为人民谋幸福"的宗旨观赋予了新的时代涵义。尽管在探索和发展的道路上我们有过失误,但为人民谋幸福,不断提高国民幸福水平始终是中国共产党人的不懈追求。

十八大以来,习近平总书记指出,"实现中华民族伟大复兴的中国梦,就是要实现国家富强、民族振兴、人民幸福"。这一重要讲话,深刻阐释了"中国梦"的本质内涵。梦想,连接现实与未来。实现梦想,要有能够领导人民从当前成功走向未来的核心力量。实现伟大的"中国梦",带领人民走上幸福生活的康庄大道,这一事业的核心领导力量,就是中国共产党。党的中央机构和地方各级党委,是这一领导力量的具体推进和实施者。建设幸福社会,必然要求这一领导力量加强自身建设,通过各级干部的具体工作来实现这项历史伟业。

二、党员干部要树立正确的压力观和幸福观

为了群众的幸福,领导干部应该树立正确的压力观和幸福观。

如何认识和对待压力,是为政者绕不过去的一个问题。人们常说,为官一任,造福一方。干部有压力,办事才更有动力,落实才能更加给力。如果缺乏压力,精神懈怠,庸庸碌碌,甘于当"太平官"、"混事官",甚至有的还当了贪官、赃官,对群众而言,不仅毫无幸福感,恐怕更添痛苦感、愤懑感。《人民日报》曾刊文指出,领导干部有危机感,群众才能有幸福感,并从发展要有紧迫感、本领要有恐慌感、对群众要有敬畏感等方面论述官员的压力观。

发展上要有紧迫感。当前,国际和地域竞争日趋激烈,改革难题新旧交织,群众的民生期待也水涨船高,不管是相对欠发达的地区,还是沿海

等经济发达地区，都面临"不进则退、不转则衰"的挑战，有人更是疾呼"一天也不能等"。形势逼人，身为领导干部，理应有"时不我待、无功即过"的紧迫感和忧患意识，迎难而上谋发展。如果满足于"平平安安占位子，忙忙碌碌装样子，疲疲沓沓混日子"，就会错失发展机遇，误己更误人。

本领上要有恐慌感。欲揽瓷器活，须有金刚钻。履行职责要有好作风，更要靠真本领。随着社会的发展进步，新情况新问题层出不穷，对领导干部的能力不断提出新考验。特别是随着互联网等新兴媒体的发展，对地方领导的执政能力提出了新的挑战。常听一些地方领导说："有了互联网，我们的工作难度和压力越来越大。"这话值得分析，确有个别媒体存在捕风捉影、恶意炒作等现象，但一些干部的媒体素养不够、回应社会关切的能力不足也是实情。更重要的是，有些干部落实科学发展的能力不够，解决问题的办法不多、成效不大，甚至出现了失误。说到底还是本领不够。

对群众要有敬畏感。官有所畏，业有所成。"老百姓是地，老百姓是天"，无论是谁，不管官做得多大，脱离了人民群众，就像希腊神话中离开大地的巨人安泰，立即失去了所有力量。对今天的为政者来说，不管是干事创业还是攻坚克难，一刻也离不开群众的力量，到处都少不了民意的支持。只有老实"拜人民为师"，对待群众意见虚怀若谷；践行"群众利益无小事"理念，对待群众诉求尽心尽力，才能赢得人心、凝聚力量。

"先天下之忧而忧，后天下之乐而乐"的名句流传千古，圆明园正大光明殿也有一副楹联："心天之心，而宵衣旰食；乐民之乐，以和性怡情。"为政者的忧患辛劳之中，往往生长着百姓的幸福安乐，古人尚且有这种认知，今天的共产党人理应把这篇"忧乐"文章做得更好，写进千千万万群众心里。[1]

除了正确的压力观，官员还要树立正确的幸福观。当前，改革正处于攻坚阶段，社会转型期的矛盾层出不穷，大量民生问题亟须解决，官员们只有提高行政能力，搞好社会建设，解决好民生问题，才能得到社会的认可和赞

---

[1] 汪晓东，《干部有危机感 群众才有幸福感》，人民日报，2013年08月20日。

誉，而这种认可会使他们产生工作的幸福感和继续努力的动力。同样，依法行政才有安全感，清正廉洁、遵纪守法的官员自然胸怀坦荡，心底无私天地宽。然而在现实中，有些官员的幸福观却与之大相径庭。究其原因，是他们的权力观和价值观出了问题。[1] 权力成了他们以权谋私的工具，权力越大，越能为所欲为，他的"幸福感"便越强。忘记了权力来自于人民，自然忘乎所以，最终走上违法乱纪的道路。我们党历来都不乏为了群众幸福鞠躬尽瘁、呕心沥血的优秀干部。从焦裕禄到孔繁森，从杨善洲到吴天祥，他们把群众的幸福当作自己的幸福，为了群众的幸福，宁可舍弃了自己和家人的幸福。这种幸福观，可敬可叹，是党员干部学习的楷模。

三、密切联系群众，践行党的群众路线方针是内在要求

在全面建成小康社会的历史条件下，一些干部的"四风问题"严重，具体表现在：一是形式主义，群众反映最突出的是追求形式、不重实效，图虚名、务虚功、工作不抓落实。二是官僚主义，群众最不满意的是办事推诿扯皮多，效率低下，不作为，不负责任。三是享乐主义，基层和群众反映最多的是一些领导干部安于现状，贪图安逸，缺乏忧患意识和创新精神。四是奢靡之风，主要是条件好了，许多方面做过头，大手大脚、铺张浪费。这"四风"都违背了党的群众路线方针，直接危害到群众的幸福，必须在群众路线教育实践活动中加以整改。

（一）干部要把群众安危冷暖时刻铭记于心

首先，把贯彻执行党的群众路线落实到思想与行动上。群众路线是党的生命线，自觉贯彻执行党的群众路线是我们党永远立于不败之地的根本。广大党员干部在新形势下贯彻执行党的群众路线需要回答好"为了谁"、"依靠谁"、"我是谁"的重大问题，自觉贯彻执行党的群众路线，真正在思想和行动上把群众放在心上。群众路线是党的生命线，自觉贯彻执行党的群众路线

---

[1] 晓海，《官员的幸福感从哪里来》，中国青年报，2012年12月10日，第02版。

是我们党永远立于不败之地的根本。广大党员干部在新形势下贯彻执行党的群众路线需要回答好"为了谁"、"依靠谁"、"我是谁"的重大问题，自觉贯彻执行党的群众路线，真正在思想和行动上把群众放在心上。从"为了谁"的宗旨中把握方向。全心全意为人民服务是我们党的根本宗旨，不管世情、国情、党情如何变化，党的工作的内容、形式、任务如何变化，党的根本宗旨始终不会改变，一切为了群众、一切依靠群众的根本立场始终不会改变。广大党员干部要在思想上自觉坚持马克思主义群众观，站稳群众立场；在行动上要眼睛向下看、身子向下弯、工作向下沉，把体现党的主张与反映群众心声统一起来。从"依靠谁"的实践中找到力量。我们党的根基在人民、血脉在人民、力量在人民。广大党员干部在思想上要牢固确立尊重人民群众主体地位的观念，发挥人民群众首创精神，坚持从群众中来、到群众中去的根本工作方法，把人民群众的实践创造作为源头活水。只有充分相信群众、紧紧依靠群众、紧密团结群众，才能使党的事业不断发展壮大。从"我是谁"的坐标中提升自我。没有解决好"我是谁"的问题，就不能正确处理同人民群众的关系。人民群众是关系党的事业成败的决定力量。只有视群众为亲人、把群众当主人，积极增进与群众的感情、拉近同群众的距离，群众才会把我们当亲人；只有把群众放在心中最高位置，坚持为政不移公仆之心、用权不谋一己之私，才能更好地改造自己、提升自己。[1]

其次，把实现好、维护好、发展好群众的根本利益落实到决策举措上。实现好、维护好、进一步规范工作程序，创造条件方便群众，简化办事程序，减轻群众负担，创造性地开展工作。发展好最广大人民群众的根本利益，是党和国家一切工作的出发点和落脚点。要把人民群众的愿望和要求作为科学决策的依据，切实做到发展为了人民群众、发展依靠人民群众、发展成果由人民群众共享。

关注群众利益诉求。一方面，充分了解群众呼声，真实反映群众诉求，敢于反映群众心声；另一方面，畅通群众利益诉求表达渠道，把群众利益诉

---

[1] 湖南省中国特色社会主义理论体系研究中心，《时刻把群众安危冷暖放在心上》，人民网—人民日报，2012年08月24日。

求表达纳入制度化、法治化、规范化的轨道。完善领导接访、干部下访、决策听政、民主评议等制度，让群众意见能够通过正当渠道表达并获得及时回应。着力改善民生。党员干部要始终把改善民生摆在重要位置，多谋民生之利，多解民生之忧。

着力解决好群众最关心最直接最现实的利益问题，在物价、住房、分配、就业、教育、医疗、食品安全、社会治安等方面加大工作力度，把更多的财力物力投入民生工程。

完善保障和改善民生的制度安排，加快发展各项社会事业，推进基本公共服务均等化，加大收入分配调节力度，努力使人民群众学有所教、劳有所得、病有所医、老有所养、住有所居。为群众排忧解难，各级党员干部应深入困难多的地方，解决群众最急、最难、最忧、最盼的具体问题。让群众从细微处体会党和政府的温暖。努力化解社会纠纷，进一步健全矛盾纠纷排查调处机制，完善信访工作责任制，综合运用政策、法律、经济、行政等手段，努力使矛盾在有效疏导中化解。

最后，把提高服务群众的能力落实到学习实践上。践行全心全意为人民服务的根本宗旨，是一个长期的过程。国内外形势的复杂多变，改革发展任务的艰巨繁重，人民群众价值取向与利益诉求的多样化，促使广大党员干部必须不断提高领导科学发展的能力，更好地服务群众。

提高服务群众的本领。这就要求广大党员干部不断更新知识，坚持长期学习。向书本学习，努力从书本中学习做好工作所必需的一切知识；向实践学习，在实践中总结经验、研究问题、增长才干；向群众学习，坚持从群众中来、到群众中去，汇集群众智慧，总结群众经验，不断丰富和完善自己。

改进服务群众的作风。良好的作风是服务群众的重要保证。要增强下基层的意识，坚持工作重心下移，深入一线调查研究。党员干部特别是领导干部要主动下基层，深入群众最需要的地方，以良好的作风为群众办实事。增强规范服务意识，提升服务群众的动力。探索服务群众的内在规律，将服务群众的经验和方式提升为制度规范，提高服务群众工作的针对性和实效性，以机制创新增强服务群众的动力。建立健全主动服务机制，建立方便群众的快捷有效的服务平台。建立健全群众工作保障机制，加强对服务群众工作的组织领导，完善以党组织为主导的群众工作格局。[1]

（二）"把群众当亲人"是领导干部工作的指针

"把群众当亲人"，是我们党始终如一的根本政治立场和鲜明政治特色，也为领导干部指明了方向。

"把群众当亲人"是我们党的优良传统和作风。我们党的发展历程表明，来自人民、植根人民、服务人民是我们党永远立于不败之地的根本。无论是革命战争年代、和平建设时期还是改革开放新时期，"把群众当亲人"都是党的性质和宗旨的集中体现，也是广大领导干部的优良传统和作风。从"人民万岁"、"我是中国人民的儿子，我深情地爱着我的祖国和人民"到"所有的领导干部，都是人民的公仆"、"每一个共产党员都要把人民放在心中最高位置"，中国共产党人始终从思想上、感情上、作风上把群众当作亲人、把群众放在心上。也正是因为"把群众当亲人"，我们党赢得了广大人民群众的衷心拥护和大力支持，团结和带领全国各族人民战胜前进道路上的各种艰难险阻，取得了一个又一个举世瞩目的伟大成就。

"把群众当亲人"是领导干部履职尽责、干事创业的关键所在。党的各级领导干部是党的事业的骨干。在世情、国情、党情发生深刻变化的新形势下，深刻认识并始终坚持"把群众当亲人"，是领导干部更好地履职尽责、干事创业的关键所在。

首先，党的根本宗旨要求领导干部必须"把群众当亲人"。党的根本宗旨是全心全意为人民服务。这一根本宗旨要求领导干部必须心里装着群众、凡事想着群众、一切为了群众。只有满怀对群众亲人般的感情，才能在为人民服务时全心全意而不是三心二意。

其次，党的执政地位要求领导干部必须"把群众当亲人"。我们党作为

---

[1] 湖南省中国特色社会主义理论体系研究中心，《时刻把群众安危冷暖放在心上》，人民网—人民日报，2012年08月24日。

马克思主义执政党，能不能长期执好政，关键是看能不能始终得到广大人民群众的衷心拥护和大力支持。领导干部只有"把群众当亲人"，做到权为民所用、情为民所系、利为民所谋，才能使党的工作获得最广泛最可靠最牢固的群众基础和力量源泉，不断巩固党的执政地位。

最后，党的使命任务要求领导干部必须"把群众当亲人"。在新形势下，我们党肩负着崇高的使命、艰巨的任务，在履行使命、完成任务的过程中还面临着执政考验、改革开放考验、市场经济考验、外部环境考验。要有效应对这些考验、完成肩负的使命任务，就必须"把群众当亲人"，尊重人民群众主体地位，从人民群众中汲取智慧和力量。

在工作中始终坚持"把群众当亲人"，需要努力做到以下几点：一是真心关心群众。"把群众当亲人"，就是像关心家人一样关心群众，像感受亲情那样感受民意，以心换心、真诚相见；不管群众处于什么环境、发生什么问题、遇到什么困难，都要真心实意地关心、支持和帮助群众，甚至愿意为群众牺牲自己的一切。二是诚心向群众请教。群众中蕴藏着取之不尽、用之不竭的智慧和力量。在群众这一亲人面前，领导干部不应有任何架子，而是要有甘当小学生的态度和勇气，经常深入实际、深入基层、深入群众，多走走、勤问问，拜群众为师，把政治智慧的增长、执政本领的增强深深扎根于群众的创造性实践之中。三是尽心维护群众利益。领导干部手中的权力是人民赋予的，只能用来为人民谋利益。应时刻关注群众的安危冷暖，及时解决群众生产生活中遇到的困难，多做维护群众利益的事情，少做让群众敬而远之的事情，不做损害群众利益的事情，让群众真正感受到党的温暖。[1]

四、在政府的领导下提高群众幸福指数

各级领导干部务必于头脑中牢固树立"以人为本，执政为民"的理想和理念，在政府的领导和政策的指引下，改善民生，真正做到全心全意为人民谋福祉，做到发展为了人民，发展依靠人民，发展成果由人民共享。

---

[1] 孙正森，《"把群众当亲人"是对领导干部的基本要求》，人民日报，2011年08月08日。

（一）在提高民众幸福指数上奋发有为，坚定前进方向

如何才能在提高民众幸福指数上奋发有为？我们需要从四个方面进行努力。

第一，要将提高人民群众的幸福指数作为领导干部的工作目标。幸福是人民群众追求的共同目标。我们党和政府领导人民进行革命和建设的根本目的，就是为人民谋幸福，不断满足人们日益增长的物质和精神需要。当前，我国已进入了经济、社会、文化、政治全面协调发展的新阶段，把人民群众幸福指数的提升作为各级政府的神圣使命，既是我们党的性质和宗旨的体现，也是科学发展观的必然要求。各级政府应该摒弃仅仅把经济发展作为主要甚至是唯一任务的做法，要从经济、社会、文化、政治全方位协调发展进步上，从领导干部应履行的职能方面，为民众谋幸福，切实把提升人民群众的幸福指数作为领导干部工作奋斗的目标。

第二，要研究探索人民群众的幸福指标。要研究人民群众的需要。了解和研究人民群众有哪些需要是为民众谋幸福的前提。要研究人们的行为心理。分析哪些因素决定人们的幸福，幸福与人们的心理、情绪、行为有什么联系。对这些问题的研究，更有利于我们对幸福理论的把握。要研究和探索人民群众的幸福指标。根据人们的需要，分析影响人们幸福的因素，确定人民群众具体的幸福指标。和谐家庭关系着民众的幸福。人们组成幸福家庭的基础和前提是人们要有共同的志趣爱好，要有一定的感情基础。因此，婚姻自由就成为衡量家庭婚姻幸福与否的一个重要指标。有满意的工作，是人民幸福的又一个重要来源。人们是否有工作、失业率是多少、对工作是否满意等可反映人们在工作上的幸福感。社会公平是人们幸福的又一来源，而收入差距大小等可反映社会公平情况。要通过对这些问题的探索分析，研究制定出具体的民众幸福指标。

第三，为人民群众幸福指数的提升提供服务和环境制度支持。领导干部为人民谋幸福，提高民众幸福指数，并不是要回归到领导干部专权的时代，干预民众具体的经济、社会、文化、政治生活，而是从政府职能出发，为民众提供有利于人们经济、文化、社会、政治需要满足的公共物品和制度支持，

为人民满足需要、追求幸福提供环境支持。为此,要大力加强经济、文化、社会、政治等方面的基础设施建设、根本制度建设,为人民群众提供交通、社会治安、通信、公共活动场所、公共文化设施等公共服务和公共物品,使人民群众的诸多需要有满足的前提和基础。同时,要建立良好的经济、社会、文化、政治秩序,制定文明进步、科学可行、有利于人们需要满足的法律法规,为人们需要的满足提供良好的制度基础,创建良好的经济、文化、政治、社会秩序。要大力发展社会事业,加大公共卫生、公共教育、公共文化事业,不断改善民生。大力开展精神文明建设,提高人们的文明程度和道德修养,引领人们通过健康、高雅、积极向上的工作、活动,不断努力,追求自己的幸福。

第四,将幸福指数纳入政府评价范围。各级政府要改变单纯注重经济考核的片面做法,要按照科学发展观的要求,以合适的方式把人民群众的幸福指数也作为政府考核的重要内容。要研究便于操作、科学可行、针对性强的幸福指标考核体系,特别是要把人民群众对幸福满意度的感受即幸福指数,作为考核政府工作的重要指标。要坚持公平公正原则,考核必须客观公正,反映工作举措,考核工作绩效。要坚持群众评判原则。人民群众幸福不幸福,他们的需要满足没有,他们的感受最深,也最有发言权。因此,进行民众幸福指数考核,必须听取民众的意见,把人民群众幸福不幸福、满意不满意、高兴不高兴,作为考核的重要依据。

(二)科学发展,保障和改善民生 [1]

1. 科学发展需从全局的高度来认识和谋划

现在有些地方在抓发展上存在一些认识上的误区,片面地将经济增长当成了发展,本想通过发展来解决问题,结果盲干起来却成了一个不和谐的源头,损害了群众利益;有的简单地把民生问题归咎于发展不够、发展不快,对民生现状习以为常,解决起来不积极、不主动;有的简单地把发展与群众最关心、最直接、最现实的利益等同起来,以所谓的长远利益、整体利益、

---

[1] 段仁茂,《做好保障和改善民生工作的几点思考》,政策,2010年10期。

间接利益,代替群众眼前、具体、直接的利益,造成发展与群众感受反差很大。实践证明,经济发展会促进社会发展,但不会自动带来社会事业发展,也不等于民生问题可以自然而然地解决。同时还要看到,做好保障和改善民生工作并不简单地推进社会建设,而是通过经济社会又好又快发展,来提高人民群众的生活水平和生活质量。因此,提高群众的幸福指数,我们需要从社会政策、社会规划、社会建设等方面着力,这样,才能实现社会和谐、科学发展的目标。

2. 实践中不断创新,发挥主观能动性来抓落实

保障和改善民生涉及面广,投入大。现在,有些地方一提到保障和改善民生工作,就"难"字当头,在矛盾和困难面前束手无策,有的甚至把矛盾和困难当做不能有效解决民生问题的"挡箭牌"。保障和改善民生确实需要大的投入,对欠发达地区来讲更是如此,但只要开动脑筋,积极创新,一些看似不好办、难办的事情,是完全可以办成的。关键是要在不折不扣落实好国家有关政策,把上级给基层的钱用好、交办的事办好的同时,充分发挥主观能动性,根据自身的财力状况,从制度机制上探索方法,不断提高保障和改善民生工作的水平。对有条件办的事情,要抓紧先做起来,特别要加快推进一批综合效益强的项目,尽可能集中力量办大事;对一时难以解决的,先要作出规划和部署,一步一步向前推进;对群众有要求、解决起来有难度或者把握不准或面上难以推开的,要先行试点,探索方法,逐步推进,不断提高保障和改善民生工作水平。因此,各级领导干部在争取上级支持的同时,坚持面向基层、立足自身、不等不靠,努力寻求做好保障和改善民生工作,提高群众幸福指数的有效方法。

3. 密切党群、干群,增强基层党组织的服务功能

以人为本,不等于改善民生,以人为本的内涵比改善民生丰富得多,它既体现在理念上,坚持以最广大人民的根本利益为本,又体现在实践中始终实现好、维护好、发展好人民群众的根本利益。保障和改善民生,不仅是一个为民办实事的过程,也是一个理顺情绪、化解矛盾、促进社会和谐的过程。保障和改善民生工作,比如信访、社会治安、失地农民的生活保障、维护农

民工合法权益、完善城市社会保障体系、农村特困人口救助等突出问题,需要通过基层组织来解决。基层组织的服务功能如何,党员干部的作风如何,直接关系到保障和改善民生工作的成效。从当前来看,基层组织还面临功能不健全、手段较弱、缺少相应的的工作条件等一些问题,影响了其作用的有效发挥。尤其是近些年来,基层单位特别是镇、村两级,经历了几次大的改革,在化解矛盾、理顺情绪、调动干部积极性等方面,还有大量的工作要做。在这种情况下一定要努力解决好基层干部的切身利益问题,帮助基层解决自身难以解决的困难,改善工作条件,增强基层组织为民办事、服务群众、促进社会和谐的功能。

小结

各级领导干部是当前幸福社会建设过程中重要的领导力量,起着重要的组织保障作用。因此,加强各级党组织的建设,是实现幸福社会建设的组织保障。各级领导干部应当在当前的群众路线教育实践活动中深入学习和反思,对照要求查不足,通过不断学习和改进作风,提升思想,进而保持共产党员的先进性,树立正确的政绩观、权力观和压力观,做到在实际工作中相信群众,密切联系群众,尊重群众的智慧和首创精神,践行科学发展观,切实为人民群众的福祉而踏实工作。

第七章

GDP 增长与幸福社会建设

　　GDP 即国内生产总值，是指在一定时期内（一个季度或一年），一个国家或地区的经济中所生产出的全部最终产品和劳务的价值，是公认的衡量国家经济状况的最佳指标。它不仅可以客观的反映一个国家的经济发展状况，更是国力与财富的集中表现。我国在 2011 年第一次超越日本成为世界第二大经济体，说的就是 GDP 超过日本，成为世界第二，反映了我国自改革开放以来，经济迅速发展，人民生活水平不断提高的经济现状。在不断追求经济高速发展的同时，国民有没有真的体会到更加幸福呢？综观已有研究和社会现实，可以发现，物质的丰富与幸福感的获得有着紧密而不可分割的关系。

一、我国经济建设历程与当前问题

（一）我国经济发展历程

　　在新中国经济建设六十多年中，先后经历了三十年的社会主义改造与社会主义经济建设及三十多年的改革开放与社会主义经济建设，取得了举世瞩目的成就。这六十年具体又可分为三个阶段，三个阶段的建设和发展各有重点。

　　第一个阶段即从建国初到 1978 年改革开放，我们可以把它称为经典社会主义计划经济建设时期，在这一时期，所奉行的经济社会发展观为赶超发展观，主要目标是加快发展，尽快赶上并超过资本主义国家。其形成有着特殊的历史原因,同时也是时代的产物,封建制度长期的奴役、列强长期的欺压、反帝战争多年的消耗,共同导致了新中国经济基础薄弱的局面。人民生活无法得到保障,同时面对国内反革命与列强的封锁打压,经济发展困难。为了政权的稳定,尽快改善人民生活,我国采取了赶超型发展战略。采取计划经济,统一对社会资源进行调配,为宏观经济和政府计划的实施提供了条件,使我国经济在建国初期迅速发展,并为后期工业化打下基础。而由于其典型的重工抑农和平均主义的特点,在后期产生大量问题,如资源浪费严重,经济效率低下,经济发展服务于政治目标等等,使经济发展愈加畸形,最终面临崩溃。在区域经济发展及对外经济发展方面,这一阶段主要采取均衡发展,要求各区拥有自己完整的工业和经济体系,区域间经济联系十分微弱。

第二个阶段即1978年到1999年,在经历了十年文革后,第二代国家领导人更深刻地认识到了以经济建设为中心的重要性,大力发展生产力,放弃了赶超战略服务于政治的思维,认识到贫穷不是社会主义,并更进一步的确立了以生产力为核心的"三个有利于"标准,极大地促进了生产力的发展,经济水平在这一阶段明显得到提升,创造了如"深圳速度"等举世瞩目的成就。在这一阶段,我国对外经济成就显著,尤其是东部沿海地区,依托地理区位与侨乡等优势,快速引进国外的资金、技术、人才和管理经验,有效地发挥了对外开放的门户与窗口作用,区域经济发展在这一阶段采取了非均衡战略。1978年12月,邓小平在中央工作会议上做了《解放思想、实事求是,团结一致向前看》的讲话,他明确提出:"在经济政策上,我认为要允许一部分地区、一部分企业、一部分工人农民,由于辛勤努力成绩大而收入多一些,生活先好起来。一部分人生活先好起来,就必然产生极大的示范力量,影响左邻右舍,带动其他地区、其他单位的人们向他们学习。这样,就会使整个国民经济不断地波浪式地向前发展,使全国各族人民都能比较快地富裕起来。"由此生产力在区域经济发展中的主导地位及区域经济发展不平衡性的观点得以确立,这为向沿海地区倾斜战略的出台提供了理论基础。

第三个阶段即2000年至今,市场机制的深化发展,生产要素趋于向区位条件好、投资回报高的企业流动,加剧区域间生产力发展的不平衡,"先富带动后富"在短时间内难以真正实现。2003年,我国的国内生产总值达到11万亿元,人均GDP突破1000美元。而同年的世界银行报告《中国:推动公平的经济增长》中指出我国经济发展中"不平等现象进一步恶化";基尼系数已超过警戒线。如何解决区域经济差距越来越大的问题?西部大开发战略,振兴东北老工业基地,中部崛起,同时鼓励东部率先发展,保持东部地区的经济增长优势,带动国民经济又好又快发展。将东部发展的成功经验向中西部引进,建立了西部的重庆、四川,中部的武汉及长株潭城市圈,带动区域发展,实现从"东部率先"到"四轮驱动"的转变。但由于我国区域发展战略仍是"粗线条"和"大尺度"的,缺乏区域针对性及更深层次的区分,从而减少了各区在开发过程中因地制宜的创新的可能性。十六届三中全会提出的科学发展观,在新世纪实现我国经济社会的全面、协调、可持续发展,是党对社会主义现代化建设规律的认识的进一步深化。

从"赶英超美"到改革开放,从"东部率先"到"共同发展",中国不断寻找着自己的发展道路,建设中国特色社会主义市场经济体制,走中国人自己的复兴之路。

(二)我国经济发展当前面对的问题

在中国不断取得惊人成就的同时,诸多问题浮现而来。首先,经济发展速度上,2012年我国GDP总值51.9万亿元,同比增长7.8%,超出年初7.5%的目标。2011年我国GDP总值达到47.2万亿元,经济总量占世界的份额由2002年的4.4%提高到2011年的10%左右,成为带动世界经济复苏的重要引擎,对世界经济增长的贡献率超过20%,国内生产总值世界第二。高速的经济增长表明了我国市场的活跃与潜力,国人为之骄傲与兴奋。但是从世界经济史来看,现在远远不是骄傲的时候。德国从1947年到1969年的22年,经济年平均增长7.9%,1969年当德国的人均GDP达到11000美元以后,经济增长下降到3.1%,降幅达到了60%。日本、德国、韩国这些追赶型的国家,经过了一段时间的经济高速增长,人均GDP达到11000美元以后,经济增长就会出现40%到60%的下降。事实上,我国早就跨入中等收入陷阱这一时期了，国家经济发展速度将逐步下降，尤其是东部发达地区速度将显著下降，届时将如何维持国民经济发展？

其次，中国产业结构不够理想，中国经济总量占世界的份额不断提高，世界工厂的地位不断深化，但是"中国制造"能否为中国带来真正的发展道路呢？作为世界上人口最多的国家，尤其是农村人口所占比例较大，劳动力密集型产业会在相当长时间内存在。城市化不断发展，工业化不断深入，更多的农村劳动力进入城市，但城市无法提供更多的劳动岗位，很多问题由此产生，而发展劳动力密集型产业是解决这一问题的有力方法，这样却又限制了中国的产业结构升级。人口基数大所带来的"人口红利"也在逐渐减少中，"未富先老"成为影响我国发展的重要问题。第一、第二产业所占比例较大，而第三产业发展虽然迅速，却没有找到自己的定位，本土品牌在全球知名度小，相关部门在知识产权保护上力度欠缺，使中国第三产业发展艰难。我国的产业结构远远不如人口密度较大的日本，其在各方面有自己的本土品牌，且在全球知名度较高，拥有一席之地，在知识产权的保护上也比较成功。珠三角沿海地区已经开始进行产业结构的优化升级，将一些劳动力密集型企业转移至长三角，或渤海经济圈，那中国的产业升级之路如何实现，将关系到是否能够真正实现中华民族的伟大复兴。

再次，在全球经济高度一体化的今天，我国经济发展状况与世界经济发展状况紧密地联结在一起，近年来出现的经济危机，影响的往往不是一个国家，而是整个区域，甚至是全世界。而且目前我国对外贸易依赖性强，这样，在世界性的经济危机面前，我国受到的影响将会更大。不仅在经济危机时期，外需的下降有可能是中长期的，经济危机对世界经济的影响在短期内被消除的可能性不高，而我国经济长期稳定发展必将依靠拉动内需来实现。我国国民消费水平低，最根本的原因是国民对收入预期较低，反映了我国在一定程度上福利等各方面制度的不完善。由于经济发展的同时带来物质的消耗，我国资源日趋匮乏，无法满足人民的生产生活需要，使得相关产业和居民生活受到较大影响。经济全球化是世界经济体系发展的必然趋势，但是同时我们也应正视由此而产生的诸多问题，并积极寻找解决方案，维护我国经济的平稳发展。

最后，我国经济发展不平衡，导致我国收入差距过大，不仅是城乡居民收入，还有区域之间的收入差距也十分突出，甚至行业收入差距在近几年也成为较为突出的问题之一。

（三）注重结构调整，构建 GDP 长远、健康发展的良好基础

面对经济发展后劲不足，易入泡沫经济陷阱的问题，首先应贯彻又好又快发展战略，提升 GDP 发展质量，贯彻十八大提出的一个"立足点"，痛下决心，坚决克服重规模轻质量、重速度轻效益的倾向，把推动发展的立足点真正转到提高质量和效益上来，在努力降低资源能源消耗和提高劳动生产率上下大功夫，提升我国经济发展的质量和水平。积极应对世界经济危机，警惕泡沫经济的出现。其次，应改深化改革，加大对第三产业发展的支持，继续产业结构优化升级，推进我国产业结构合理发展，使科技的作用得到不断加强。

改变资源利用方式，实现绿色、低碳、循环增长。十八大报告中指出，要全面促进资源节约。要节约集约利用资源，推动资源利用方式根本转变，加强全过程节约管理，大幅降低能源、水、土地消耗强度，提高利用效率和效益。推动能源生产和消费革命，支持节能低碳产业和新能源、可再生能源发展，确保国家能源安全。加强水源地保护和用水总量管理，建设节水型社会。严守耕地保护红线，严格土地用途管制。加强矿产资源勘查、保护、合理开发。发展循环经济，促进生产、流通、消费过程的减量化、再利用、资源化。可见，生态文明的建设与经济发展的建设都要求可持续化，从经济和生态两方面更加注重了幸福社会的建设。在调节产业结构同时更应注重压缩高耗能、高污染、低附加值的产品生产，升级产业结构，注重绿色、环保、循环、低碳，这不仅对于经济的发展有着强有力的可持续性，也对于生态文明的建设有着一定的保护作用。

在生态文明建设上最为典型的便是发展循环经济，我们可以从菲律宾的"玛雅农场"中学习经验。从 20 世纪 70 年代开始，经过 10 年建设，位于菲律宾首都马尼拉附近的玛雅农场的农林牧渔生产形成了一个良性循环的农业生态系统。玛雅农场的前身是一个面粉厂,经营者为了充分利用面粉厂产生的大量麸皮,建立了养畜场和鱼塘;为了增加农场的收入,建立了肉食加工和罐头制造厂。随着农场的发展,进一步扩大了生产规模,取名为玛雅农场;到了1981年,农场已拥有36公顷的稻田和经济林,饲养了2.5万头猪、70头牛和1万只鸭;为了控制粪肥污染和循环利用各种废弃物,他们陆续建立起十几个沼气生产车间,每天产生沼气十几万立方米,提供了农场生产和家庭生活所需要的能源。另外,从产气后的沼渣中,还可回收一些牲畜饲料,其余用做有机肥料。产气后的沼液经藻类氧化塘处理后,送入水塘养鱼养鸭,最后再取塘水、塘泥去肥田;农田生产的粮食又送面粉厂加工,进入又一次循环。这样的生产过程由于符合生态学原理,在农场内形成了农林牧渔产品的联合生产,不用从外部购买原料、燃料、肥料,却能保持高额利润,没有废气、废水和废渣的污染。[1] 从中,我们会发现,生态文明的建设走循环经济路线对于整个经济的发展和生态环境的保护都有着不可估量的作用。同时公民作为个体也应注重"绿色"、"低碳"的生活方式,勤俭节约,绿色出行,从自身做起,共同营造幸福社会。

二、GDP增长对幸福社会建设的重要性

我国经济不断发展,综合国力不断发展,人民的物质生活水平不断提高,与此同时我们的人民是否真的越来越幸福呢?经济水平的不断提高,为物质丰裕打下基础,在物质丰裕的情况下,其他方面的发展才有可能进行。我们应该明白,处在社会结构深刻变动、利益格局深刻调整、思想观念深刻变化的重要时期的中国,离婚率连续七年递增,自杀率居高不下,这些都从反映了国民的幸福感在一定程度上的缺失。那么,GDP增长与幸福社会建设究竟有着怎样的关系呢?

---

[1] 任爱华,《国外生态农业发展的比较借鉴》,农村农业农民,2004年12期。

（一）GDP 是民众幸福感的物质基础保证

首先，物质条件是获得幸福感的基础，只有经济水平的不断提高才能满足人们日益增长的物质文化需求，才能保证人民的正常生活水平。我国 GDP 的连续高速增长，为人们提供了良好的经济环境，使人民的生活水平不断提高，我国 1978 年城镇居民恩格尔系数为 57.5%，是 2011 年的 1.53 倍[1]。"仓廪实而知礼节，衣食足而知荣辱"，物质条件得到基本保障后，才有可能去体验自己的精神世界，去考虑更深层次的需求。在马斯洛需求层次理论中，人们有五种基本的需求，由低到高分别为：生理上的需求，安全上的需求，情感和归属的需求，尊重的需求，自我实现的需求。而在其中我们可以看到物质本身所代表的的生理需求，作为基础存在。

其次，物质条件的富裕对人民有着其他的引申含义，如经济上的富裕在一定程度上给予人们以安全感，俗语"民以食为天"说明了中国作为人口大国对粮食、食物的重视，物质条件的富足很大程度上满足了人们对于食物、生命的安全感，满足了人们的生理需要与心理安全感的需求。还有，在市场经济的条件下，金钱成为了一个很好的衡量标准，在此基础上物质条件成为社会地位的衡量标准，而人作为群体社会的一部分有被尊重、被肯定的需要。在当今社会中，无疑金钱、物质是满足这一部分需求的条件之一。

最后，GDP 增长从宏观角度来讲，代表的是一个国家的经济发展状况，我国 GDP 的不断高速增长，在一定程度上反映了国家综合实力的不断提高，经济、军事、科技不断发展，为人们提供了一个更加稳定的经济投资环境，更加安全的生存环境，更加现代的居住环境。使人们更加拥护和热爱中国共产党的领导，夯实执政党的群众基础，激发广大人民群众参与社会建设的积极性、主动性、创造性，使人民更加认同其所生活的环境，作为国家主人翁更加幸福地生活在这片土地上。但是 GDP 增长，物质水平提高，人民的幸福感就会不断增强吗？答案是否定的。

---

[1]《1978-2011 年我国城乡居民家庭人均收入及恩格尔系数》，中国统计年鉴，2012 年。

（二）GDP 对民众幸福感的作用机制复杂

第一，过度强调经济增长，导致拜金主义、享乐主义、见利忘义、损公肥私等消极现象和社会公害的盛行，这对我国和谐社会建设是不利的。"八荣八耻"的社会主义荣辱观中就提到"以艰苦奋斗为荣，以骄奢淫逸为耻"，明确了我国社会当前基本的价值取向和行为准则，体现了中华民族的传统和改革开放的时代要求，具有很强的思想性和现实针对性。已有研究表明，物质财富增长到一定阶段，幸福水平就不会再显著提升，反而容易降低。过度崇尚金钱，是不符合社会主义初级阶段建设要求的，是不利于人民生活水平提高的。我国应重视物质与精神世界的同步建设，这样才能更好保持我国市场经济秩序的稳定，保证社会秩序的稳定，从而更有利于幸福社会建设。

第二，我国 GDP 增长是带有一定盲目性的，比如我国部分地方政府盲目追求 GDP 增长，不顾对环境造成的影响，从而影响地区长期发展及地方人民正常生活，甚至威胁身体健康和生命安全。这样一方面不利于该地区的长期战略发展，影响城市建设，更重要的是对人们产生了不可弥补的生理和心理上的伤害，侵犯了人民的合法权益。十八大提出"五个更多"的有关加快形成新的经济发展方式的要求，"更多依靠节约资源和循环经济推动。我国经济增长方式粗放，能源、资源环境代价过大，不仅单位产出资源、能源消耗居高不下，而且各种原因造成的浪费也相当严重"。"必须坚持实施可持续发展战略，大力强化资源节约，推进循环经济发展，力争以最小的资源环境代价支撑经济更可持续的发展。"[1] 要求我国尽快转变经济发展方式，进一步提高对环境、资源的重视，形成绿色 GDP 的增长模式。同时地方政府要进一步提高思想觉悟，不断学习新知识，以面对我国经济发展的新形势、新局面。

第三，GDP 的增长带来另一方面的消极影响为收入差距，"让一部分人先富起来"的政策在促进我国经济的飞速发展的同时，也导致我国居民收入水平上的巨大差异，不仅仅表现在城乡居民之间，还表现在行业、性别、地

---

[1] 本书编写组，《新思想·新观点·新举措》，学习出版社、红旗出版社，2012 年 11 月。

区等等诸多方面。城乡居民的收入差距一直以来就是备受关注的问题，国家统计局2013年公布的2012年宏观经济数据显示，尽管城乡居民收入稳步增长，但2012年基尼系数仍为0.474，表明当前国内居民贫富差距依然较大。数据显示，如果把居民按收入水平划分为五等份，低收入组人均可支配收入为10345元，而高收入组人均可支配收入为51456元，差距近5倍；而农村居民低收入组人均纯收入为2316元，高收入组为19009元，差距为8倍左右。[1]而国家统计局今年首次公布的基尼系数也反映我国对于当前这一问题的重视。除此以外，国企与私营企业，金融业与公共管理及社会组织相比，收入差距也是十分巨大。而行业内部的收入差距也是比较大的，北京的某家大型网络门户网站，新入职的员工月薪2500元左右，高管年薪50万元以上，收入差距将近20倍。而这只是诸多实例中的一则而已。收入差距过大，贫富分化加剧，对我国产生巨大的消极影响：第一，使社会心理扭曲，使传统的基础性阶层产生相对剥夺感，引起人民群众的强烈不满。没有一个公正的社会收入的职业等级序列，使得部分人以非常规的途径自发调节收入水平。间接导致社会治安形势严峻，财产性犯罪加速增长。而富人为富不仁引发的"仇富"心态，官员腐败引发的"仇官"心态，在现实的贫富差距面前进一步被放大了，使得人们对政府的信任感降低，社会治安受到影响。第二，使经济发展受到伤害，贫富差距过大使得我国有效需求不足，经济外贸依存度过高；同时由于非规范、非正常收入占相当比重，人们对由此而来的收入差距拉大感到不满，影响工作和生产效率，不利于鼓励勤劳致富及社会财富的积累和合理分布，使劳资矛盾日益激化影响企业生产。第三，贫富差距对一个国家稳定和谐发展至关重要，差距过大会导致两极分化，危害社会稳定。

第四，幸福感不仅仅由GDP的增长、经济条件的优越决定，而是受到复杂因素的影响。分别在2000年、2006年和2010年对中国城乡总人口进行的随机抽样调查结果显示，总体上觉得自己幸福的人略有减少，从84.8%下降到83.0%。相应地，觉得自己不太幸福与很不幸福的人，则从2000年

---

[1]《2012年基尼系数为0.474，城镇居民收入差距超4倍》，中财网，2013年01月19日。

的15.2%上升到2010年的17.0%。由此可以推断,中国人的幸福感并没有随着经济的持续高速发展而显著地增加,反而有所降低。其中的社会文化作用,非常值得进一步探讨。在该调查中,明显表现出"越健康,越幸福"这一现象。在健康状况很不好的人群中,觉得自己幸福的人只占38.4%;在健康状况不太好的人群中,占61.9%;健康一般的人群中占80.3%;比较健康的人则是90.4%;而非常健康的人群中更是高达92.4%。而其中令人注意的是,在21世纪的前10年中,中国人自我报告的健康状况,在总体上呈现显著的下降趋势。在2000年的时候,认为自己比较健康和非常健康的人占到66.5%,可是到了2006年却减少为61.6%,到2010年再次降低到58.1%。同时,学历也成为影响人们幸福感的重要因素,在小学及以下文化程度的人群中,觉得自己幸福的人只占80.4%;初中文化程度增加到85.6%;高中文化程度再增加到86.7%;而在大专文化程度中则占到88.2%;在本科及以上文化程度的人群中更是高达89.4%。这表明,在中国社会文化高速发展的21世纪,那些受教育程度更高的人,由于更加可能获得各方面的资源与机会,因而各种烦恼也会更少,直接提高了他们的幸福感。[1]

第五,影响幸福感的重要因素之一是情感需求的满足,人们的幸福感往往受事业、亲情、友情及爱情四个因素的影响,而其中三项有关情感需求,首先是占据人们生命最长部分的爱情及婚姻,无论是单身的人还是初次结婚的人,觉得自己幸福的比例在85.1%~85.6%之间;但是同居的人却减少到81.8%;再婚的人降低到78.5%;丧偶的人再降低到72.1%;而离婚的人觉得幸福的则仅仅占67.7%。古人云,修身、齐家、治国、平天下,工作并不是个人生活的全部,婚姻爱情作为人类情感需求的重要部分,对幸福感影响颇深。根据2012年,央视财经频道在拉萨举办的"2012幸福城市市长论坛"中数据显示,影响居民幸福感的诸多要素中婚姻或感情生活状况位列第三——32.09%,前两名分别为收入水平(55.53%)及健康状况(48.91%)。人际关系为27.96%,现代社会中社会交往作为人基本的生存能力之一,是

---

[1] 数据转引自《人民幸福"中国梦"——中国家庭幸福发展指数研究》,人民日报,2013年05月16日。

居民生活的必需品，但同时过分注重礼尚往来的生活又带给人们另一番压力。笔者认为，真正的社会交往，应该建立在对彼此的尊重、了解、支持的基础之上，而不是单纯建立以经济目的为基础的"关系网"。

由于社会的复杂性和人类情感的复杂性，我们可能没有办法一一列举影响人类幸福感的因素。但是毋庸置疑的是，GDP对人类的幸福感意义重大，机制复杂。

三、如何构建幸福感与GDP同步增长的经济和社会机制

幸福指数的提高，并不会一蹴而就，某些时候可能会有"幸福陷阱"，也就是老百姓的幸福水平并没有随着经济增长和生活水平的提高而提高，这都是正常现象，需要正确加以看待。其实，不管是GDP还是"幸福指数"或"和谐指数"，都不是发展的目标，而是发展结果的反映。需要避免把幸福指数作为完全的政绩考核指标，这样难免会步GDP崇拜的后尘。曾有这样的实例：某地推出的"幸福指数"不断上升，可老百姓却感到困惑，为什么没有感到自己的幸福在增加？统计出的"幸福指数"与百姓心中的幸福感形成反差的背后，恐怕依然是急功近利的政绩观。从GDP到"幸福指数"、"和谐指数"，从追求经济增长到注重民生保障，从重视生产指标到注重人的感受，是政绩考核的一种进步。但这种进步的前提，是从百姓的感受出发，而非是一些数字游戏。眼睛向下，为老百姓解决实际问题，百姓的幸福感自然会高；闭门造车，所谓的"幸福指数"自然离百姓的感受就远。

（一）坚持中国特色社会主义发展道路

党的十八大提出"中国特色社会主义是当代中国发展进步的根本方向"的重要论断，强调要坚定不移走中国特色社会主义道路。这是总结历史、着眼未来得出的坚定结论，是对"举什么旗、走什么路"这个根本问题最直接最深刻的回答，是夺取中国特色社会主义新胜利的关键所在。坚持走中国特色社会主义发展道路，是我国的根本发展方向，是有利于人们生活水平提高和经济发展的，是我们要长期坚持的根本道路。在这一旗帜的指引下，我们

应坚持改革开放,坚持科学发展观。只有深入贯彻落实科学发展观,才能引导广大干部群众全面把握和发展中国特色社会主义的丰富内涵,全面把握建设中国特色社会主义的总依据、总布局、总任务,全面把握夺取中国特色社会主义新胜利"八个必须坚持"的基本要求,切实增强坚持中国特色社会主义道路、理论体系和制度的自觉性和坚定性,增强推动科学发展、促进社会和谐的自觉性和坚定性,在战胜各种风险挑战中牢牢掌握发展的主动权,扎扎实实夺取中国特色社会主义新胜利,不断丰富中国特色社会主义的实践特色、理论特色、民族特色、时代特色。

在经济发展中,不能只重发展而忽略城市环境、后续发展潜力等系列问题,在当今科学发展观的要求下,浪费资源及过分开采都是对人民及子孙后代的不负责任,是没有正确领悟十八大精神的行为。党的十八大报告把深入贯彻落实科学发展观放在坚持和发展中国特色社会主义的高度来认识,报告指出:"面向未来,深入贯彻落实科学发展观,对坚持和发展中国特色社会主义具有重大现实意义和深远历史意义。"要深刻理解这个论断的内涵,要更加自觉地贯彻落实科学发展观。可持续发展与可再生能源作为当今备受关注的话题之一,是解决人类资源后续不足的有力方法,但是在我国仍有不惜损害环境资源作为经济快速发展的代价的事件发生,所幸的是我国相关法律正逐步完善,人民对保护自身合法权益的意识在不断增强。

当前我国站在一个新的历史起点上,面临前所未有的发展机遇,也面对前所未有的风险挑战。特别是我国人均国内生产总值已超过5000美元,经济社会发展的阶段性特征更加明显,我们正处于一个爬坡过坎的关键阶段。当前,我国经济发展中不平衡、不协调、不可持续的问题依然突出,科技创新能力不强,资源环境约束强化,产业结构不合理,制约科学发展的体制机制障碍依然较多,深化改革开放和转变经济发展方式任务艰巨,城乡区域发展差距和收入分配差距依然较大。综观当前形势,可以说短期矛盾和长期矛盾叠加,结构性因素和周期性因素并存,国际国内问题相互影响,各种潜在的风险和困难凸显。如果应对得当,就会促进经济社会持续健康发展,把中国特色社会主义顺利推向前进;如果应对不当,就容易跌入"中等收入陷阱",

造成经济徘徊不前和社会动荡不安的结果。面对这些问题，需要进一步加大改革开放的力度，持续推进中国特殊社会主义建设，用发展来解决前进中的问题。[1]

（二）减小收入差距，消除相对剥夺感

关于收入差距所带来的相对剥夺感及其他问题，一些政策也许可以成为解决目前中国收入不平等问题的主要驱动力，例如减小城乡差距、提升教育公平，提高社会资源流动性，改革户籍制度并且让更多的农村人口享受到国家的福利保障，等等。但笔者认为只有这些政策是远远不够的，目前中国的巨大的收入分配差距，可归结为两种原因：第一种原因是个人禀赋、努力程度、受教育程度以及财富的代际转移的差异，可以认为这是市场自由竞争造成的结果；第二种原因是体制性原因，如特权、垄断和腐败等的影响，收入差距可能更多的是由后者造成的。由于后者收入并不合法，并产生更大的社会分层，使得相对剥夺感更加明显，从而不利于我国的长期发展和良好的市场经济秩序构建。如果政府和市场边界清晰，各司其职，政府在限制住自身那只攫取的手之后还能够有效地提供市场竞争所需的法律秩序、产权保护等公共服务，则我们还有充足的理由期望当前的政府主导型、技术模仿型、投资拉动型和资源耗费型的经济增长模式转向市场主导型、技术创新型、消费拉动型和资源节约型的可持续的经济增长模式。[2] 从政府的角度讲，建立更加完善的监督机制，使行政变得更加阳光透明，限制政府官员行政权力，从而消除灰色收入来源，限制官员腐败等举措，都有利于增强人民对政府的信任感、对政府工作的认同度。

日本著名作家村上春树提出过"小确幸"，指的就是微小而确实的幸福，在生活中一点点体悟感动，不用顾忌世俗的评价标准，"幸福的真谛在于选择自己喜欢的鞋子走完这一生"，经济与物质并不是生活的全部，相反对于更多人来说，物质条件是通往幸福殿堂上的一个台阶而已。我们要抓住生命

---

[1] 刘云山，《科学发展观的历史地位和指导意义》，人民网，2012年11月22日。
[2] 张荣海，《收入分配差距过大问题的产生及解决》，马克思主义研究网，2012年03月26日。

中的每一次小感动,而不是只追求物资上的满足。有理由相信,如果每个人都能珍爱生命中的"小确幸",生活肯定会更加幸福。

小结

GDP 的不断高速增长虽然使我国人民的物质资源日益充裕,但同时还有诸多问题,经济发展为人民带来物资上的满足,但这并不是人民期望的全部。经济学家伊斯特林(R. Easterlin)在他的论文《中国的生活满意度:1990-2010》(China's Life Satisfaction, 1990-2010)中,用大量数据说明,与中国近 20 年经济突飞猛进的局面相对的,是民众生活满意度直线下降的事实,多数中国人 2010 年的幸福感还不及 1990 年。作为"幸福经济学"的鼻祖和奠基人,伊斯特林在 1974 年就提出过著名的"伊斯特林悖论"(Easterlin Paradox),即一国的经济增长未必会换来生活满意度的改善。而来自中国这个样本量巨大的地区的调查结果,无疑是一个可信度极高的佐证。所以我们应该不盲目信从 GDP 增长,坚持"解放思想、实事求是、与时俱进、求真务实"的发展路线。因为只有坚持改革开放,从人民的根本利益出发,高举中国特色社会主义伟大旗帜,以邓小平理论、"三个代表"重要思想、科学发展观为指导,解放思想,凝聚力量,才能在提升居民幸福感的道路上不断攻坚克难,取得成功。

第八章

生态文明建设与可持续的幸福

　　生态文明，是指人类遵循人、自然、社会和谐发展这一客观规律而取得的物质与精神成果的总和；是指以人与自然、人与人、人与社会和谐共生、良性循环、全面发展、持续繁荣为基本宗旨的文化伦理形态。

　　胡锦涛同志在党的十八大报告中提出，要大力推进生态文明建设。十八大报告中提到，建设生态文明，是关系人民福祉、关乎民族未来的长远大计。坚持节约资源和保护环境的基本国策，坚持节约优先、保护优先、自然恢复为主的方针，着力推进绿色发展、循环发展、低碳发展，形成节约资源和保护环境的空间格局、产业结构、生产方式、生活方式，从源头上扭转生态环境恶化趋势，为人民创造良好生产生活环境，为全球生态安全作出贡献。面对资源约束趋紧、环境污染严重、生态系统退化的严峻形势，必须树立尊重自然、顺应自然、保护自然的生态文明理念，把生态文明建设放在突出地位，融入经济建设、政治建设、文化建设、社会建设各方面和全过程，努力建设美丽中国，实现中华民族永续发展。

　　党的十八大报告首次单篇论述生态文明，首次把"美丽中国"作为未来生态文明建设的宏伟目标，把生态文明建设摆在总体布局的高度来论述，表明我们党对中国特色社会主义总体布局认识的深化，把生态文明建设摆在五位一体的高度来论述，也彰显出中华民族对子孙、对世界负责的精神。

从整个国家层面来讲，生态环境的破坏不仅仅阻碍经济的长远和可持续发展，也会危及到子孙后代的幸福生活。就目前而言，片面追求经济发展，忽略了生态保护的恶果已经频频显现：沙尘暴、雾霾导致的空气严重污染，各地频现的癌症村等等。

反之，注重生态保护，改善生态环境则可以为幸福社会建设带来长久、强劲的驱动力。生态文明的建设可以营造更好的生存环境，有利于提升民众的身体健康指数和生活质量。同时，生态文明建设注重经济的良性、可持续性发展，必然会在全局上带来更大的经济和社会效益。幸福社会建设的生态部分，就是要在保证生态环境良好运行的前提下，创造更丰富的物质文化，让民众幸福地生活在优良的生态环境中。

历史上，改造自然、战胜自然曾经是家喻户晓的口号，然而发展中日益显现的问题使我们明白了，人定胜天只是一句豪迈口号，要生存，必须尊重自然规律、保护和顺应自然。党的十八大报告明确提出："给自然留下更多修复空间，给农业留下更多良田，给子孙后代留下天蓝、地绿、水净的美好家园。""蓝天、净水、绿地"几个方面，生动形象地描述了生态环境建设中的自然环境因素，分别是清洁的空气、安全的饮水，以及绿色的植被。

一、自然资源的保护与幸福社会建设

（一）安全、清洁的用水

1. 水资源现状

十八大报告把优化国土空间开发格局作为生态文明建设的第一部分内容，报告指出：促进生产空间集约高效，生活空间宜居适度，生态空间山清水秀，给自然留下更多修复空间，给农业留下更多良田，给子孙后代留下天蓝、地绿、水净的美好家园。阐述了水环境与生态文明的关系，即水环境是生态文明建设之要。[1] 从当前和 21 世纪的发展看，洪涝灾害、干旱缺水、水生态环境恶化三大问题，特别是水资源短缺问题，将越来越成为制约我国农

---

[1] 卢双宝，《试论水与生态文明建设的关系》，河北水利，2012 年 12 期。

业、经济和社会发展的重要因素。中国是一个严重干旱缺水的国家，人均可利用水资源量约为900立方米，仅为世界人均量的1/4，并且其分布极不均衡。到20世纪末，全国600多座城市中，已有400多个城市存在供水不足问题，其中比较严重的缺水城市达110个，全国城市缺水总量为60亿立方米。干旱缺水已成为我国农业稳定发展和粮食安全供给的主要制约因素。据分析，在充分考虑节约用水的前提下，2010年全国总需水量为6988亿立方米，2030年为8000亿立方米左右，2050年至少需8500亿立方米，分别需要比现有供水能力5500亿立方米增加1500亿立方米、2500亿立方米及3000亿立方米，这是一个非常巨大的数字。而且根据供水工程布局，2010年供水增加到6670亿立方米，由于地区不平衡还导致缺水318亿立方米，其中，黄淮海流域水资源紧缺状况有可能进一步恶化。专家们警告："20年后中国将找不到可饮用的水资源。"美国民间有影响的智囊机构——世界观察研究所发表的一份报告称："由于中国城市地区和工业地区对水需求量迅速增大，中国将长期陷入缺水状况。"我国城市供水不足现象始于20世纪70年代，以后逐年扩大，并且愈来愈严重。平均每年因缺水影响工业产值2000多亿元。当前全国农村还有3000多万人和数千万头牲畜吃水困难。全国有1/4的人口饮用不符合卫生标准的水，直接影响到人民的健康水平。

2. 水资源污染

同时，水污染形势不容乐观。据分析，随着人口不断增长、经济高速发展和城市化进程的加快，我国废污水的排放量将急剧增长。据监测，目前全国多数城市地下水受到一定程度的点状和面状污染，且有逐年加重的趋势。日趋严重的水污染不仅降低了水体的使用功能，进一步加剧了水资源短缺的矛盾，对中国正在实施的可持续发展战略带来了严重影响，而且还严重威胁到城市居民的饮水安全和人民群众的健康。据监测，全国废污水排放量由1980年的315亿吨增加到2002年的631亿吨。多数城市地下水受到一定程度污染，并且有逐年加重的趋势。日趋严重的水污染不仅降低了水体的使用功能，进一步加剧了水资源短缺的矛盾，而且还严重威胁到城市居民的饮水安全和健康。

在水资源本已短缺的情况下，我国水环境也日益恶化，其主要表现在：水体污染十分严重。据统计，1997年全国工业、城市污水总排放量为584亿吨，经过集中处理达标的只占23%，处理后的回用率更低，其余的大都未经处理或处理尚未达标就排入江河或用于农业灌溉。据1997年中国环境状况公报，我国大淡水湖和城市湖泊均为中度污染。全国90%以上的城市水域受到不同程度的污染。局部地区地下水大量超采。据不完全统计，全国已形成地下水区域性降落漏斗56个，漏斗面积87000平方公里，有的漏斗中心水位埋深已达60—80米，辽宁、山东、河北等沿海一些城市与地区，地下水含水层受海水入侵面积在1500平方公里以上；天津、上海、常州、西安等20多个城市出现地面沉陷、地面塌陷、地裂缝等。

3. 建议和措施

为缓解严峻的水形势，需从以下几方面着手：一是节水优先。这主要体现在控制需求，创建节水型社会，并提高水资源利用率。积极发展节水的工业、农业技术，大力推广应用节水器具。二是治污为本。这要求我国的水污染防治战略应尽快实行调整，从末端治理转向源头控制和全过程控制。大力推行清洁生产，实行污染物排放的源头控制和全过程控制，污染物排放会有较大幅度的削减，工业生产也可以做到增产不增污。三是多渠道开源。这主要指开发非传统水资源。进一步提高全社会关心水、爱惜水、保护水和水忧患意识，促进水资源的开发、利用、保护和管理。这样对于人民的生活水平的提高，促进经济的发展都有着巨大作用，也对于和谐社会的进步有着一定的贡献。

（二）清洁的空气

1. 空气污染

近年来，我国的空气质量有了很大的改变，可以说生活环境质量总体上有好转趋势，但许多城市和地区环境污染依然严重。城市空气质量总体上有好转趋势，但是城市空气污染仍较严重，污染类型仍以煤烟型污染为主，颗粒物仍是影响中国城市空气质量的主要污染物，人民的生活出行还是面对着空气中有害物质的威胁。

2010年，全国废气中二氧化硫排放量2185.1万吨，比上年减少1.3%。其中，工业二氧化硫排放量1864.4万吨，占二氧化硫排放总量的85.3%，与上年基本持平；生活二氧化硫排放量320.7万吨，占二氧化硫排放总量的14.7%，比上年增加8.0%。烟尘排放量829.1万吨，比上年减少2.2%。其中，工业烟尘排放量603.2万吨，占烟尘排放总量的72.8%，与上年基本持平；生活烟尘排放量225.9万吨，占烟尘排放总量的27.2%，比上年减少7.2%。工业粉尘排放量448.7万吨，比上年减少14.3%。工业燃料燃烧二氧化硫排放达标率和工业生产工艺二氧化硫排放达标率分别为93.1%和89.8%，分别比上年提高1.4和0.8个百分点。最新的数据显示，全国只有少部分城市空气质量优秀，从下面来自中国环境保护部的数据便可以看出：

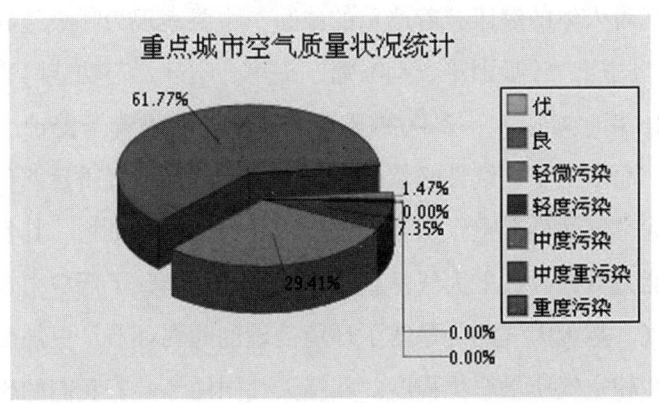

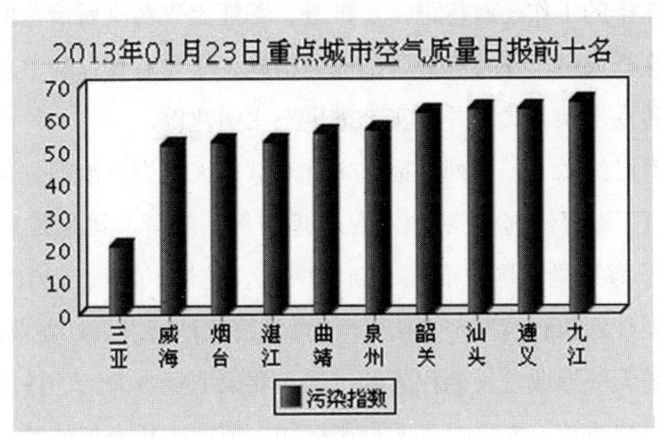

从上图可以看到，空气质量整体上没有面临严重的威胁，但是随着我国经济的发展，尤其是重工业企业的继续扩大，交通工具的逐渐普及，石油、煤炭等的大量燃烧，在今后难免会影响到空气质量，单凭空气质量指数作为监测远远不够，所以政府更应注重空气质量，为公民的幸福生活营造更好的空气环境。

2. 雾霾天气

雾霾是雾和霾的组合词。因为空气质量的恶化，阴霾天气增多，危害加重。中国不少地区把阴霾天气现象并入雾一起作为灾害性天气预警预报。统称为"雾霾天气"。雾霾形成有三个要素：一是生成颗粒性扬尘的物理基源。二是运动差造成扬尘。三是扬尘基源和运动差过程集聚在一定空间范围内，颗粒最终与水分子结核集聚成霾。

雾霾天气对人体的健康有着严重的威胁，主要表现为呼吸道和眼部刺激症状、咳嗽、胸痛、呼吸困难、咽喉痛、头疼、呕吐、心功能障碍、肺功能衰竭等。2013年1月以来，多次的雾霾天气给政府敲响了警钟。这已经不是偶然事件，而成为了连续性必然的空气污染事件和空气质量恶化问题。形成雾霾是因为空气污染严重，低空大气中含有大量的污染物，其实主要是因为空气自净能力低，再加上大气垂直运动的静止，导致了低空出现了如此严重的雾霾天气。雾霾天气充分暴露了环境治理的薄弱环节，更加凸显了空气污染的严重性和空气质量恶化程度。雾霾天气同样考验着我们的生产、生活方式。节能减排的工作还有待进一步推进，不能走先污染后治理的老路。可以说，面对雾霾天气不仅要有完善的应对措施，更要有长远的治理规划，同时我们必须转变发展方式，并切实推进生态文明建设。

党和政府已经做了一系列的措施来针对雾霾天气进行治理，包括关闭排放污染物的工厂，召开会议听取意见治理空气污染等。国家发展改革委政研室主任施子海接受中国政府网、新华网联合访谈，解读《2012年国民经济和社会发展计划执行情况与2013年国民经济和社会发展计划草案的报告》时表示，雾霾天气形成是长期积累的过程，要采取标本兼治的措施，推动环境空气质量尽快改善，要将空气质量指标纳入节能减排考核体系，实行严格的问责制。[1]要解决这个问题，也不可能一蹴而就，但必须高度重视，有所作为，采取切实有效的措施，把加强雾霾污染防治作为保障人民群众身体健康的一件大事来抓。

一方面，要加强雾霾天气的监测预警工作，强化空气质量监测，实时发布信息，保障群众的知情权，引导公众做好自我防护。加快制定和完善雾霾天气应急预案并适时实施，必要时采取停工、限产、限排、限行等措施，最大程度地减少污染。另一方面，要采取标本兼治的措施，推动环境空气质量尽快改善。一是将空气质量指标纳入节能减排考核体系，实行严格的问责制。二是加快发展天然气等清洁能源，开展煤炭消费总量控制试点。三是严格控制新增高能耗、高污染的产能，加快落后产能淘汰步伐。四是加快淘汰黄标车，大力推广使用电力、天然气等清洁能源的机动车。五是全面实施脱硝电价，加快脱硫脱硝设施建设进度，强化工业烟粉尘治理。六是加强渣土运输车辆管理，推进建筑工地绿色施工，加强城乡绿化建设。七是安排资金支持大气污染防治重点工程，深化资源性产品价格和税费改革。八是加大执法监管力度，严厉打击违法行为，确保企业达标排放。九是完善区域大气污染联防联控机制，强化区域防控措施的统筹协调，确保实现治理目标。[2]

从反面来讲，雾霾天气也给我们带来一丝警醒，在生态文明建设和经济建设两个大的发展方向上，我们不能只注重经济的增长，而忽略了对生态环境的保护，只注重经济发展造成的生态污染最终会危害人类自己。空气是人类生存的"必需品"，严重污染的空气必然会影响到人类的身心健康，所以不能走"先污染后治理"的道路，应该将生态文明建设摆在重要的位置上，将经济发展和生态文明建设同等重视，坚持可持续发展的道路，坚持科学发展观，营造更好的空气质量，杜绝空气污染，创造和谐的生态环境。

---

[1] 引自人民网：http://news.xinhuanet.com/yzyd/travel/20130308/c_114951611.htm。
[2]《施子海：加强雾霾污染防治必须高度重视、有所作为》，中国政府网，2013年03月08日。

(三)绿地建设

1. 绿地对城市和农村建设有着观赏的价值

我国的绿化建设主要分为两大类,农林建设和城市园林建设。从城市园林建设上来讲,很大程度上在追求绿化同时注重艺术设计。绿地成为了城市的一部分,美化着城市的面貌,有着欣赏的价值。绿地建设在个别城市更设计成为图形或者文字组合,赋予了城市的内涵,既具有艺术特征,又有着文化气息,可以说,城市园林建设已经取得了一定的成果,但是仍旧存在着一定的相关问题。20世纪90年代以来,我国诸多城市开始了绿化建设,使环境绿化建设达到前所未有的高潮,这对改变城市面貌,改善居民生活环境质量有着很大的作用,虽然绿化建设势头良好,但在建设过程中依然存在着一些应当引起我们重视的问题:首先,人均绿化面积较少;其次,在绿地面积严重缺乏的情况下,城市在环境绿化过程中缺乏从宏观到微观的合理规划,没有系统的园林配置;再次,不能够根据实际情况进行有针对性的建设,缺乏精美的、符合实际情况的艺术层次与文化氛围;最后,开发商只注重开发力度,不能以实现可持续发展为前提,因此导致了环境被肆意地破坏,打乱了绿化建设的最初规划,因此需要政府加大引导与监管力度。[1]

针对农林建设,因其起步较晚,资金有限,更加重视的是其农林的经济效益,再加上相对的农村绿化面积高于城市绿化面积,有关学者在研究农林建设时谈到我国现在农林建设上存在以下几个问题。第一,道路硬化过程未预留绿化空间。随着我国经济的飞速发展,农村经济水平的飞速提升要求我们不断完善农村的道路设施建设,而在这种道路硬化的过程中,我们往往忽视了预留绿化空间的问题。第二,树种追求名贵,绿化成本过高。有些地区在绿化过程当中过分地追求树种的名贵程度,讲究排场,而忽视了绿化的成本,这使得国家在新农村绿化建设上投入的资金无法最大限度地惠及村镇居民。第三,村庄绿化发展不平衡。镇与镇之间、村与村之间在经济条件、规

---

[1] 齐齐哈尔和平广场管理所,《浅谈我国环境绿化建设的发展趋势》,才智,2011年35期。

划标准、绿化档次、绿化效果、日常管护上存在着较大的差距。第四，专业化程度不够高。现行的农村绿化建设大部分还是由乡镇政府及村委会组织开展的，有些地区可以做到同林业局的专业人员协同开展，但是这种协同合作也存在着时间和规划决策上的配合不默契。只有很少地区能够对专业绿化给予足够的重视。[1]

2. 绿地作为生态屏障和调节气候的功能

城市化的过程难免会对城市环境产生一定的污染，在这种情形下，绿地便成为了绿化城市环境、调节气候的一道生态屏障。绿地具有生态服务功能。大体可分为两类，一类是一般植被所普遍具备的吸收和固定二氧化碳、放出氧气的气体调节功能，生产有机物功能，涵养水分的功能等；另一类是城市地区植被的突出功能，如调节局地小气候、削减污染物、增加生物多样性等。[2] 绿色植被对于环境的改善作用不言而喻，近些年一直有学者呼吁重视城市绿化建设。城市建设决策者重视保护绿地，保护城市生态系统的多样性，绿地是生态平衡的宝库，加强城市园林建设、保护绿地才能促进生物物种的丰富，营养梯度级增多，使能量流动和物质循环过程更趋系统和完善，促进生态系统的协调发展，这对城市的经济发展和居民的生活具有重要意义。[3] 可以说，城市绿化对于公民生存条件有着较大的改善，对城市环境有着不可忽视的作用，城市绿化建设可以保证城市生态效益的发挥，促进城市生态系统的发展，最大限度地调节气候，让公民有着幸福的城市居住环境。

3. 绿地作为宜居生活的功能

伴随着城市化进程的推进，绿化建设必然成为了每个城市和小城镇所面对的项目和工程，《东营日报》刊登了题目为《让城市拥有绿茵》的文章，指出要实施水系绿化工程，打造"城市绿带"，在城市建设中绿地建设和水道建设融为一体，共同对居民的生活有着巨大的改善。充当居民游憩、活动、交流的场所，使居民在工作之余走出封闭的居所，在富有自然情趣的开敞空

---

[1] 戴学珍，樊绯，霍冉，《新农村绿化建设问题探究》，中国集体经济，2012年01期。
[2] 陈爽，王丹，王进，《城市绿地服务功能的居民认知度研究》，人文地理，2010年04期。
[3] 左艳英，《浅析城市园林绿化与城市可持续发展的关系》，科技资讯，2012年19期。

间进行轻松的交谈、健身活动等，增进人与人之间的了解，增强社区认同感和凝聚力。[1]

然而从宏观上来讲虽然在 2005 年全国的城市绿化率已经达 31.15%，但是同样我们看到很多地方面对绿化植被，尤其是珍贵的树种，很少进行保护，更多的则是伐木，取得更大的经济效益，获取利润。国家建设三北防护林等重要的绿化工程，绿化建设的重要性已不言而喻，所以绿化建设已经成为了一个重要项目。绿化建设直接关联的便是生态文明建设，更加有利于环境的改善，同样也有利于城乡经济的发展，更直接关系居民的居住环境。所以，我们应注重城市和农村的绿化建设，保持绿色植被的稳定增长，注重绿色建设的可持续发展，注重生态文明建设。

二、生态文明的制度建设

生态文明制度就是关于推进生态文明建设的行为规则，是关于推进生态文化建设、生态产业发展、生态消费行为、生态环境保护、生态资源开发、生态科技创新等一系列制度的总称。就生态文明制度而言，正式制度包括环境法律、环境规章、环境政策等；非正式制度包括环境意识、环境观念、环境风俗、环境习惯、环境伦理等。[2]以上方方面面的制度都关乎幸福社会的生态建设维度能否顺利实现。十八大报告也指出，要加强生态文明制度建设，要把资源消耗、环境损害、生态效益纳入经济社会发展评价体系，建立体现生态文明要求的目标体系、考核办法、奖惩机制。建立国土空间开发保护制度，完善最严格的耕地保护制度、水资源管理制度、环境保护制度。深化资源性产品价格和税费改革，建立反映市场供求和资源稀缺程度、体现生态价值和代际补偿的资源有偿使用制度和生态补偿制度。加强环境监管，健全生态环境保护责任追究制度和环境损害赔偿制度。从这里可以看到生态文明建设已经提到了国家政策的高度，这意味着生态建设不仅仅关乎国家的经济建

---

[1] 俞晟，《城市游憩绿地建设研究》，现代城市研究，2002 年 02 期。
[2] 沈满洪，《生态文明制度的构建和优化选择》，环境经济，2012 年 12 期。

设，更直接关系到公民的幸福生活。

然而当前生态文明制度在实行过程中并未尽如人意，根据中国环保部在2013年2月7日发布的《化学品环境风险防控"十二五"规划》显示，我国目前仍在生产和使用发达国家已禁止或限制生产使用的部分有毒有害化学品，此类化学品往往具有环境持久性、生物蓄积性、遗传发育毒性和内分泌干扰性等，对人体健康和生态环境构成长期或潜在危害，个别地区甚至出现"癌症村"等严重的健康和社会问题。这些问题不是简单的个别现象，而是生态文明制度方面的缺失，这点环保部在规划中也指出，我国化学品环境风险管理较为薄弱，法规制度、监督监管、基础能力尚不能适应形势发展要求，化学品环境风险防控能力和防控水平亟待提升。加强化学品环境管理、防控环境风险已经成为"十二五"环境保护工作的重要组成部分，成为新时期探索环境保护新道路、解决影响科学发展和损害群众健康突出环境问题的迫切需要。[1]在生态文明制度建立的同时更应注重法制的实施，严格按照法制要求来贯彻，这样才能更好地为幸福社会营造生态文明的可持续发展带来的幸福感。

有学者针对生态文明建设总结了三大方面的制度要求：一、建立完备的生态文明建设制度框架体系；二、完善保障有力的生态文明建设体制机制；三、营造推进生态文明制度建设的社会氛围。[2]进而更提出了十四条建议，具体是：1.强化生态文明制度建设的顶层设计。2.建立严格的国土空间开发保护制度。2.制定生态文明建设技术标准体系。4.完善环境损害赔偿制度。5.健全生态环境保护责任追究制度。6.完善生态文明考核评价制度。7.提高生态文明建设的法治化水平。8.完善政府的生态环境管理体制。9.构建生态文明取向的综合决策机制。10.建立生态环境资源利用的市场化机制。11.建立生态文明建设的公众参与机制。12.弘扬"尊重自然、顺应自然、保护自然"的生态文明理念。13.加强生态环保知识的普及宣传。14.积极倡导绿色低碳的生活方式。各位学者从宏观和微观上都做了全面的分析，

---

[1] 引自 http://politics.caijing.com.cn/2013-02-21/112518173.html。
[2] 胡守勇，《关于加强生态文明制度建设的14条建议》，重庆社会科学，2012年12期。

而我们更应该注重的是生态文明制度的贯彻，要严格按照制度规定执行，从制度上为生态文明建设做一个保障，更为幸福社会的营造提供强有力的保证。

总之，生态文明建设关乎国计民生，对于社会和个人的幸福感都有着巨大的影响，生态文明建设的可持续发展更为幸福社会的建设提供了可持续发展的前进动力。

小结

生态文明建设关乎国计民生，对于社会和个人的幸福感都有着巨大的影响，生态文明建设的可持续发展更为幸福社会的建设提供了可持续发展的前进动力。政府应当通过法规制定和政策引导，加强生态文明建设的体制机制建设，从根本上保障生态文明建设有法可依、有规可循。加强生态文明宣传，在全社会树立绿色发展、可持续发展的理念。

与此同时，应当看到生态文明建设仅凭政府的力量是难以做好的，必须依靠社会力量。企业应当主动调整生产结构，做好节能减排和清洁能源替代工作。人民群众要主动参与爱护环境、保护生态的活动，并在日常工作和生活中践行，从绿色公交出行、节约用水用电、拒绝过度包装、实行垃圾分类等身边的小事做起，为建设幸福社会的美好生态环境而努力。

第九章

幸福社会与民生建设

"国以民为本，民以生为先。"民生问题得不到解决，难有国家安定，也不会有社会和谐。关注民生、改善民生、造福民众，既是治国理政之根本，也是构建幸福社会之关键。以改善民生为先，以人民幸福为本，努力提升百姓生活质量和生活水平，建设人民幸福城市一直是党和国家基本实现现代化建设的出发点和落脚点。悠悠万事，民生为先。民生连着民心，民心凝聚民力。经济发展归根到底是为了满足广大人民群众物质文化生活需要，提升人民群众幸福感。以人为本，本质上就是以人民幸福为本。因此，在现代化建设进程中，我们要始终坚持以改善民生为先、以人民幸福为本，以更高水平和更高标准改善民生，提升人民群众幸福指数，实现幸福都市的民生建设，为科学发展注入不竭动力。

一、如何科学全面的认识民生问题

（一）民生问题的概念及内涵

悠悠万事，民生为重。关注民生，重视民生，保障民生，改善民生，是新时期党和各级政府的基本职责和工作着力点，也是构建社会主义和谐社会的关键所在。胡锦涛总书记在党的十八大报告中指出："必须在经济发展的基础上，更加注重社会建设，着力保障和改善民生，推进社会体制改革，扩大公共服务，完善社会管理，促进社会公平正义，努力使全体人民学有所教、劳有所得、病有所医、老有所养、住有所居，推动建设和谐社会。"关注民生，着力解决民生问题，让人民群众共同享受改革和开放的成果，是贯彻落实科学发展观的必然要求，是构建和谐社会、在2020年实现全面建设小康社会的伟大目标和紧迫任务，也是对党的"情为民所系，权为民所用，利为民所谋"的执政理念最好的诠释。

何谓民生？关于民生的概念是学界经常争论的一个问题，至今没有一种比较准确、合理、统一的界定。在中国古代就有关于民生问题的论述，《左传·宣公十二年》记载："民生在勤，勤则不匮。"很显然，在这里民生是指老百姓的基本生计。在中国传统社会，民生主要以这种解释为主，政府在民生问题上的角色地位不明显。

到了20世纪20年代，孙中山先生将"民生"上升到"主义"和国家大政方针的高度。他曾经指出："民生就是人民的生计，群众的生命。""民生就是政治的中心，就是经济的中心和种种历史活动的中心。"孙中山的这种解释说明，民生不仅仅是百姓个人的事情，解决民生问题也是国家和政府义不容辞的责任和义务，凸显了政府在解决民生问题上政府的地位和作用。

综观目前学界争论中的民生概念，不外乎广义和狭义之分。广义上的民生概念，认为凡是同民生有关的、包括直接相关和间接相关的事情都属于民生范围内的事情。这个概念的优点是充分强调民生问题的高度重要性和高度综合性，但其明显的不足在于，概念范围太大。从直接相关和间接相关的角度看，广义上的民生概念几乎可以延伸到经济、社会、政治、文化等任一领域，无所不包，甚至还可以包括历史观方面的问题。这样一来，由于不易操作和把握，反倒容易冲淡人们对于直接、切身、具体、真正的民生问题的关注和改善，使民生问题难以同改善民生的具体政策和措施有效地结合起来。所以，在具体政策和实际生活领域，人们一般不使用广义上的民生概念。

狭义上的民生概念主要从社会层面上着眼。从这个角度看，所谓民生，主要是指民众的基本生存和生活状态，以及民众的基本发展机会、基本发展能力和基本权益保护的状况，等等。狭义上的民生概念相对来说比较准确，也容易把握，容易同具体层面上的民生政策吻合。所以，我们平时所使用的民生概念一般都是狭义的民生概念。[1]

尽管民生问题在不同的阶段有不同的内涵，但其本质都是人民群众的生存和发展的权利能否得到实现的问题。其本质不在于自然条件的优劣，而在于我们能否按照社会主义的本质及其在经济、政治、文化制度方面的要求，有效地实现人民群众的生存权和发展权问题，从而实现好、维护好、发展好并进而解决好人民群众最关心、最现实的利益问题。

（二）当代民生问题的具体内容

就民生的具体内容而言，它包括由低到高、呈现出一种递进状态的三个层面的具体内容。

1. 第一个层面主要是指民众基本生计状态的底线

这一层面上的民生问题主要侧重民众基本的"生存状态"，即：社会要保证每一个社会成员"能够像人那样有尊严地生存下去"。其具体内容包括：社会救济，最低生活保障，基础性的社会保障，义务教育，基础性的公共卫生，基础性的住房保障等等。

2. 第二个层面主要是指民众基本的发展机会和发展能力

人不仅要有尊严生存下去，还要有能力生存下去。这一层面上的民生问题主要侧重民众基本的"生计来源"问题，考虑每一个社会成员"要有能力和机会活下去"的问题，即一个社会在满足了社会成员基本生存问题之后，就应考虑社会成员基本的发展能力和发展机会问题，以期为民众提供起码的发展平台和发展前景。其具体内容包括很多方面，比如：促进充分就业，进行基本的职业培训，消除歧视问题，提供公平合理的社会流动渠道，以及与之相关的基本权益保护问题（如劳动权、财产权、社会事务参与权）等等。

3. 第三个层面主要是指民众基本生存线以上的社会福利状况

这一层面上的民生问题主要侧重民众基本的"生活质量"问题，即当一个社会解决了民众基本生存和基本发展机会、基本发展能力之后，随着经济

---

[1] 吴忠民，《民生的基本涵义及特征》，中国党政干部论坛，2008年06月05日。

发展水准和公共财力的大幅度提升，随着现代制度的全面确立，进一步需要考虑的问题，应当是为全体社会成员提供使生活质量得以全面提升的福利。例如，民众应当享受到较高层面的社会福利，比如，未来公立高等学校的学生应当得到免费的教育；住房公积金应当普及到每一个劳动者；社会成员的权利应当得到全面的保护等等。应当看到，这一问题属于较高层面上的民生问题，目前的中国社会尚没有能力全面解决这一问题。不过，应当将这一层面的民生问题作为未来的一个重要目标列入改善民生的中长期目标体系当中。[1]

二、当代中国存在的民生问题现状

（一）相关链接："十大民生焦点问题"

不同的年份，民众关注的民生焦点问题也有差别。《小康》杂志调查结果显示，全面建设小康社会进程中，2011年最受公众关注的十大焦点问题依次是：房价、物价、食品安全、医疗改革、腐败问题、住房改革、社会道德风气、教育改革、生活成本上升以及就业问题。学界通过多种形式对民众关注的民生问题加以解读。中国社科院通过"中国社会综合状况调查"以及《中国社会形势分析与预测》跟踪人民群众关心的热点民生问题，北京大学通过《中国民生发展报告》了解全国样本家庭在教育、收入、居住、婚姻等生活方方面面的问题，并持续进行调查和跟进。北京师范大学也发布了《2012中国民生发展报告》，报告显示，1995年至2010年中国民生发展成效显著，总体上呈现指数增长的趋势。

（二）民生问题呈现的特点

当代中国民生问题尤其是中国近期的民生问题具有以下几个重要特征：

第一，直接生活消费性。这主要是针对生产投资性的公共投入而言的。民生有个特点，同社会成员基本生存生活状态和切身利益直接相关者，方属

---

[1] 吴忠民，《民生的基本涵义及特征》，中国党政干部论坛，2008年06月05日。

民生范围的事情，如社会救济、义务教育、基础性的社会保障以及基础性的公共卫生。胡锦涛曾经指出，要重点解决好涉及群众最现实、最关心、最直接的利益问题。胡锦涛所说的三个"最"字点出了民生问题的直接消费性特征。

第二，基础保障性。这主要是针对高档文化娱乐性公共设施而言的。对于像中国这样的发展中国家来说，在一个比较长的时期内，迫切的民生改善问题主要应当是基础性社会保障体系、基础性公共卫生体系、义务教育、基础性住房保障制度的建立。

第三，生存保底性。这主要是针对高福利政策和平均主义而言的。改善民生是社会公正的具体体现，所以，我们应当将改善民生的目的纳入社会公正的视野。社会公正实际上有两个基本的价值取向。第一个基本价值取向是要让全体社会成员共享社会发展成果，第二个基本价值取向是要为每一个社会成员的自由发展提供充分的空间。简单来说，社会公正的主要功能在于，一是要"保底"，二是"不封顶"。这样看来，社会公正同时起到了促进社会团结和激发社会活力的双重作用。正是从这样的角度看，改善民生的主要意义就在于要具体实现社会公正的第一个功能也就是"共享"、"保底"的功能。一个社会如果仅仅停留在共享也就是改善民生层面，并且将之视为压倒一切的事情，而忽视社会公正的第二个基本价值取向即鼓励每一个社会成员自由发展的话，那么，这样的社会必定会程度不同地出现平均主义或者是力不胜任的高福利政策。平均主义既是对机会平等规则的歪曲，也是对按贡献进行分配规则的一种伤害；而过度的福利政策同样带有一定的平均主义成分，尽管这是一种"较高层次"的平均主义。中国以及许多发达国家曾经有过的历史教训已经证明，平均主义或者是高福利政策的实施，必然会产生"劫富济贫"的不公正现象，或是造成超出一个国家财政实际负担能力的高福利现象，这就必定会降低社会在生产方面的投入，降低社会成员的工作积极性，从而最终削弱社会的发展活力。

第四，增益不可逆性。这主要是就改善民生的技术操作层面而言的。从技术操作层面上看，民生政策的制定和实施有一个十分明显的特点，这就是只能作"加法"，不能作"减法"，或者说，要注重使用"加法"的方式，要慎用"减法"的方式。就一般常识而言，对于民众来说，如果普遍地增加了一些利益，自然是皆大欢喜，但是，对于一些已经实施并且已经让民众得到益处的民生政策，如果发现其中某些方面不尽合理公正而试图予以矫正或取消的话，那么就往往会引发民众的广泛抵触，甚至会引发社会某些不安全现象的出现。其道理很简单，利益对于社会成员来说是至关重要的，是"人生活中最敏感的神经"。"人们所奋斗的一切，都同他们的利益有关。"[1]

三、民生建设是幸福社会构建的重要组成部分

（一）为什么构建幸福社会要以民生问题为根本

"国以民为本，民以生为先。"民生问题得不到解决，难有国家安定，也不会有社会和谐。因此，不管对幸福社会如何理解和界定，关注民生、改善民生、造福民众，既是治国理政之根本，也是构建幸福社会之关键。民生问题就是人民群众的生存问题，近些年来民生问题成为热点，日益引起广泛的关注，这实质上是对社会现实的深刻反映。

首先，民生问题凸显有一个很重要的原因，就是经济社会发展不协调。用胡锦涛同志讲的话就是"一条腿长、一条腿短"，经济建设这条腿比较长，迈的步子很大，经济建设成就很大；但是社会建设的腿比较短，取得的成就小。而社会建设关系到更多的是民生问题。现在我们"一条腿长、一条腿短"，社会事业发展明显滞后于经济发展，造成了教育、医疗、住房、就业等关系群众切身利益的问题越来越多，这是第一个问题。

其次，民生问题的突出也反映出我国社会已经基本确立和普及了以人为本，社会公平正义的价值和理念。如果没有以人为本的理念，没有社会公平正义理念的普及，那么民生问题不会成为社会问题，甚至当更严重的民生问题出现了，社会、社会大众对它也会漠不关心、视而不见的。正是我们确立了以人为本的理念，促进了社会公平，这样民生问题就凸显出来。

最后，民生问题的突出同我国现在已经具备了解决一些最紧迫的民生问

---

[1] 吴忠民，《民生的基本涵义及特征》，中国党政干部论坛，2008年06月05日。

题的条件有关。因为一个问题的提出和解决这个问题的条件往往是相关的。一个问题的存在不一定被大家重视,当解决这个问题的条件基本具备了,大家才会十分关心它。我国国内生产总值由 2002 年的 120332.7 亿元增加到 2006 年的 210871 亿元,是 2002 年的 1.5 倍,跃居世界第四位;国家财政收入连年显著增加 2003 年至 2006 年财政收入年平均增长 19.7%,由 2002 年的 18903.64 亿元增加到 2006 年的 38760.2 亿元,这充分说明我们国家具备解决民生问题的基本条件。国力显著增强的情况下,老百姓期望党和政府更好地解决最紧迫的民生问题是很自然的事。[1]

(二)当前民生问题的解决对策

胡锦涛同志在十八大报告中明确提出了加快推进以改善民生为重点的社会建设的六大任务:优先发展教育,建设人力资源强国;实施扩大就业的发展战略,促进以创业带动就业;深化收入分配制度改革,增加城乡居民收入;加快建立覆盖城乡居民的社会保障体系,保障人民基本生活;建立基本医疗卫生制度,提高全民健康水平;完善社会管理,维护社会安定团结。这些方针的提出,反映了党和国家将工作立足点定位为人民最关心、最直接、最现实的利益问题。围绕社会建设的六大任务,报告提出了一系列具有创新性亮点的新思想、新论断和新举措。如何构建社会主义幸福社会呢?毫无疑问首先要解决好民生问题。从哪里入手?很多人都进行了思考,其中青连斌教授认为,必须树立以下四方面的意识:

第一,我们必须以经济建设为中心,发展是硬道理,发展是第一要务,绝不能有任何动摇。解决中国一切问题的关键是发展,为什么?从根本上讲,生产发展了,那么我们在解决、处理各种矛盾和问题的时候,我们就主动得多。所以没有经济的发展和综合国力的提高就没有社会的稳定,就没有社会的长治久安。所以我们必须发展。

第二,要切实解决关系人民群众切身利益的问题,认真化解社会矛盾,特别是利益矛盾。现在利益矛盾很多,怎么来化解利益矛盾,必须建立健全

---

[1]《中共中央党校教授青连斌"解读和谐社会与民生"》,中国网,2007 年 10 月 09 日。

利益协调机制。党的十六届四中全会、十六届六中全会提出的要建立健全社会利益协调机制、诉求表达机制、矛盾调处机制、权益保障机制来化解社会矛盾。

第三，从社会学的角度讲，一个社会要稳定，一定要有一个稳定的中心，也就是社会整合的中心。要整合社会，谁来整合？根据我国的现实情况和国情出发，能够整合社会中心的只有我们党，那么就要提高整合社会关系、特别是整合社会阶层关系的能力，这样有效整合社会，促进各种社会力量的良性互动。必须把我们党建设好，包括搞好党风廉政建设，包括搞好党的思想建设、组织建设和作风建设，也包括把我们党的根本宗旨落到实处，让老百姓感觉到党是我们社会的中心、我们社会的支柱。

第四，要维护社会稳定确实还要建立健全我们维护社会稳定的工作机制，要搞好社会治安的综合治理，要运用法律的力量、社会的力量等等，来有效的控制社会。具体而言就是要突出抓好以下几项工作：一是不断完善社会保障制度，提高社会保障水平，确保城乡居民无饥寒。二是巩固农村免费义务教育成果。三是解决好农民"看病难"问题。四是解决好公平正义问题。青连斌认为，在处理公平正义问题上要把握好以下三点：首先，我们在讨论分配公平的时候，不能离开社会生产力发展水平。因为我们讨论公平问题更多讲收入分配的公平，分配的公平我们抽象谈是不行的，要同生产力发展水平联系起来，因为生产是决定分配的。那么在其他领域的公平问题上也是一样的，经济的公平、文化的公平、政治权利的公平，公平是多方面的。公平的问题不管是哪方面的，我们都要将现实生产力发展水平和能够解决这个问题的物质条件结合起来谈。其次，公平本身是具体的历史的相对的，没有绝对的公平。在社会主义初级阶段，我们不可能达到共产主义社会那种公平，但是现在我们往往讲公平的时候讲到的都是要追求结果公平。公平包括三个环节，起点公平、过程公平、结果公平。我们在社会主义初级阶段解决公平问题，重点应该放在确保起点公平，努力做到过程公平，至于结果公平我们现在很难做到。最后，社会公平正义是我们党治国理政的根本理念。我们党要把公平正义这个原则贯彻到社会结构中，贯彻到制定的方针政策路线和各项重大决策上面，我们必须坚持立党为公、执政为民的根本宗旨，要把维护好、发展好、实现好人民群众的根本利益作为我们全部工作的落脚点和出发点，要从办得到的事情做起，在经济又好又快发展的前提下把社会公平正义摆在更加突出的位置。

改善民生，要把加快建设全民社会保障体系和基本医疗卫生制度作为重要方向。健全的社会保障体系，历来被称为人民生活的"安全网"、社会运行的"稳定器"。健康关系千家万户的幸福。党的十七大进一步把"人人享有基本医疗卫生服务"确定为全面建成小康社会的目标要求，这就需要各级政府在实践上推动这项工作，尽快提高医疗水平。要强化政府责任和投入，完善国民健康政策，鼓励社会参与，为群众提供安全、有效、方便、价廉的医疗卫生服务，努力解决群众"看病难""看病贵"的问题。

小结

构建社会主义幸福社会是贯穿中国特色社会主义事业全过程的长期历史任务，是在发展的基础上正确处理各种社会矛盾的历史过程和社会结果。要通过发展增加社会物质财富、不断改善人民生活，又要通过发展保障社会公平正义、不断促进社会和谐……要按照民主法治、公平正义、诚信友爱、充满活力、安定有序、人与自然和谐相处的总要求和共同建设、共同享有的原则，着力解决人民最关心、最直接、最现实的利益问题，努力形成全体人民各尽其能、各得其所而又和谐相处的局面，为发展提供良好社会环境。

近年来，党和政府大幅度提高了职工工资待遇，更加注重社会建设，着力改善民生，实施了一系列卓有成效的利民措施，废除了在中国存在两千多年的农业赋税，城乡实行免费义务教育，城市和农村居民有了最低生活保障，建立了新型农村合作医疗和城市居民医疗保险，城市实行经济适用房和廉租房制度等等，广大群众享有的公共服务和基本生活保障明显增强。

但是，我们还应该清醒地看到，在经济快速发展的同时，我国的社会发展还相对滞后，地区不平衡性比较明显，民生问题还比较突出，如劳动就业、社会保障、安全生产、居民住房、看病就医、司法和社会治安等关系群众切身利益的问题还比较突出。部分低收入人群和农村贫困户生活还比较困难，由此引发的社会矛盾还很多，这直接影响了社会主义和谐社会的构建。针对这些问题，我们要适应经济社会发展的新趋势，顺应广大人民群众过上更好生活的新期待，认真落实构建社会主义和谐社会的重大战略任务，把社会建设摆到更加突出的位置，推进社会体制改革，增加财政投入，加快社会事业建设，完善社会管理，促进经济社会协调发展。党的十八大报告将社会建设单列一部分，强调"加快推进以改善民生为重点的社会建设"，并对发展教育、扩大就业、深化收入分配制度改革、加快社会保障体系建设、建立基本医疗卫生制度、完善社会管理等社会建设的主要问题进行了全面部署。贯彻落实好这些部署，做好各方面相关工作，真正使全体人民的福祉不断增进，使全体人民学有所教、劳有所得、病有所医、老有所养、住有所居，建设幸福社会。

第十章

幸福社会与文化建设

　　幸福是一个亘古不变的话题，它是一种主观的感受，同一个人在不同的时间、不同的地点都会有不同程度的幸福感，由此看来，一句"你幸福吗？"的提问并不能真正了解人民的幸福水平。幸福社会的特征包括经济、政治、文化等多个方面，幸福社会既需要高度的物质文明，也需要高度的精神文明。经济的发展确实能在一定程度上提高我们的幸福感，但幸福社会建设，最终也离不开文化建设。

一、文化建设衍生出的幸福观

　　在认识到社会文化对居民幸福感提升的巨大推动力以及社会新风气对幸福观建立的强烈催生作用的同时，也应该深入理解幸福观的真正内涵。

（一）幸福观的内涵和特性

　　第六版《辞海》关于"幸福观"的解释是："人们对幸福的认识和根本态度。人生观的组成部分。"具体而言，幸福观具有以下一些特性。

　　第一，全面性。幸福观不是由单一要素组成，而是既包括物质生活层面，也包括精神生活层面，与经济、政治、文化、社会、生态环境等诸多要素相关。党的十七届六中全会通过的《决定》表示："既要让人民过上殷实富足的生活，又要让人民享有健康丰富的文化生活。"倘若一个人很富有，但活得没有尊严、精神空虚、没有安全感，或者生活在一个严重污染的环境之中，那么幸福感就会缺失，很难说得上"幸福"。

第二，时代性或递进性。幸福观不是一成不变的，不同时代的人对幸福有不同的理解。以前"楼上楼下，电灯电话"是幸福生活一个重要的指标，老百姓认为那是幸福生活、"天堂般的生活"。改革开放以来，这一切对大多数人来说逐渐变成现实，自然就会被新的更高的目标替代。

第三，差异性与主体性。生活、工作状态不同的人对幸福有不同的理解。2012年，全国人大财经委员会中国民生指数课题组在北京等24个城市进行了"中国人幸福观调查"，列了19个指标。调查结果显示，城市规模越小，人们就越重视"家庭和谐"；经济发达的大城市居民更加重视"生活安全"、"社会正义"等。在承认差异性的同时，要突出主体性，也就是最广大人民的幸福观；再就是要从中归纳出一些具有普遍意义的内容。

第四，政治属性和社会制度属性。在实行剥削制度、由剥削阶级统治的社会中，绝大多数人憧憬幸福，但很难真正体验到幸福。中国古人以追求、实现"福、禄、寿"为幸福。但在中国漫长的封建社会中，政治黑暗，人民受尽苦难，根本谈不上幸福。鸦片战争后，中国陷入半殖民地的深渊。甲午中日战争之后，民族危机空前加重。在这种情形下，国人没有幸福可言。中国共产党带领人民经过28年的浴血奋战，实现了民族独立和人民解放，为实现国家富强、创造人民幸福生活奠定了根本政治基础和制度基础。新时期以来，我们沿着中国特色社会主义道路开拓前进，各方面建设都取得更大的成就，人民生活一天天好起来。所以谈幸福观不能抛开政治环境，社会制度。在中国历史上，最广大人民奔向幸福生活是1949年以后的事。

第五，文化属性。幸福观是一种心灵体验或感受，是一种理念，反映了国民的生活状况和精神状态，反映了国民的思想道德素质，因而具有文化属性。

（二）从"中国梦"看幸福观的发展与变迁

习近平总书记阐述"中国梦"的时候说道："每个人都有理想和追求，我们说的每个人都有梦想，现在大家也在讨论中国梦，何谓中国梦？我以为实现中华民族的伟大复兴就是中华民族近代最伟大的中国梦,因为这个梦想,它是凝聚和寄托了几代中国人的这样的一种夙愿,它体现了中华民族和中国人民的整体利益,它是每一个中华儿女的一种共同的期盼。"习总书记提出的"中国梦"分不同阶段,百年前中华民族的梦想是摆脱侵略,走上独立富强之路,而今天我国的 GDP 居世界第二,可能过不了多久就会跃居第一,这个时候"中国梦"开始转变,从以国家为标志变成了国家为人民服务,人民在追求物质条件提高的同时,也同样看重精神的慰藉和心理的幸福。

和"中国梦"一样,幸福观也在随着时代的发展而变迁,以前我们温饱成问题的时候,能吃上一顿饱饭就是幸福,那时的幸福文化就是吃肉穿衣,现在绝大多数家庭都能到达"吃饱穿暖"的水平,但人民真的幸福了吗?答案是否定的,现在大家吃饱了,但看着别人吃的是海参鲍鱼,内心生发出一种不平衡感,本应有的幸福感也就灰飞烟灭了,这时想要找回幸福,不是单纯拼命赚钱吃上海参鲍鱼,而是要营造一种宽容、和谐的文化氛围,让吃不上海参鲍鱼的人能够看到自己所具有的优势,不执著于物质欲望,这就是所谓的幸福观。幸福内涵的时代性和递进性激励人民追求更高水平的幸福,同时也希望人民培养一种知足常乐的心态。由此看来,真正的幸福观还应引导人民正确去看待物质需求、去面对生活差异。

今天我们所说的幸福观不仅仅局限于经济发展、腰包鼓起,也是一种物欲满足之外的精神慰藉,是一种以开放、宽容心态看待万事万物的境界,幸福社会则是在这种观念的基础上建成的。

二、文化建设是幸福社会建设的重要方面

多样性和多元化既是文化、文明长足发展的内生动力源,又是丰富多彩世界的客观要求。文化建设不仅保持和发展了我国优秀传统文化,而且在当今经济社会形势下抵抗住了欧美文化的竞争和冲击,为幸福社会的建立和发展提供了内外和平的良好环境,文化是软实力,在幸福社会的建设中发挥着不可忽视和不可低估的巨大作用,可以说文化是民族的血脉,是人民的精神

家园。

(一) 文化内涵

首先，文化反映特定物质文明，是精神文明的积淀。随着人们认识自然、改造自然能力的提升，文化也在变迁。科技发达、物质文明丰富的现代社会对文化中超自然因素的依赖显然小于古代社会。同时，文化是精神财富传承、发展和演进的结果。文化基于人的精神层面，文化的发展是生产力发展的被动应映，一般没有突变。

其次，文化是民族最基本的象征。文化体现既定群体生存方式，也显现人们思维方式。居于特定地域的人们由于共有的价值取向和精神状态，必然体现出共同的民族文化特征。民族文化的载体是语言和文字以及形成的知识体系，包括经济、政治、文学、历史、宗教、科技、心理、艺术、法律、医学、地理、美学等学科体系。文化载体的交流碰撞往往带来民族的交流、冲突和融合。

最后，文化成为一种软实力。文化源于人们的生产、生活活动，文化映像一种思考力、思想力和竞争力。随着交通、信息技术的发展，贸易和市场扩展，国际间竞争加剧，文化交流和竞争加剧。特别是在西方文明强势、西学东渐的近现代，许多民族文化被西方文化所侵蚀。民族文化的保护与发展对于维护世界经济、政治、文化和社会的多样性是一项重要的长期战略。当今，综合国力的竞争也体现出文化的竞争，文化对经济、政治有潜在的长期作用，文化成为国家间竞争的软实力。[1]

(二) 文化建设的重要性

1. 加强文化建设对于保持和发展我国优秀传统文化有重要意义

一个国家的文化建设是以国家的传统文化为基础，只有当一个民族拥有了文化的自豪感和自信心，整个民族才可能在精神上、心态上感到幸福。我国有丰富灿烂的历史文化，但在当今经济社会形势下正面临欧美文化竞争和

---

[1] 张汉斌，《文化及文化建设的意义》，人民网—理论频道，2012年02月15日。

冲击。继承、弘扬、发展我国优秀传统文化可以保持中华民族的独立性，对于维系民族和文化的多样性具有积极贡献。而多样性和多元化既是经济、文化、文明长足发展的内生动力源，又是丰富多彩世界的客观要求。

2. 文化建设对经济、政治、社会和生态文明建设均有促进作用

文化是软实力，对社会经济发展具有不可忽视和不容低估的巨大作用。如信任度高的社会容易使信用扩张、经济总量增长；尊重个人的国家更易实现民主；包容的社会更易培育出创新精神和企业家精神；崇尚公平、克己和节俭的国度更易建设"两型"社会与和谐社会。在后工业社会时代，随着服务、文化消费的日益壮大，国际间的竞争越来越体现为以文化为背景的综合国力竞争。加强文化建设可以提升我国综合国力和国际地位，扩充我国竞争优势和文化吸引力。

3. 文化建设对于引导社会思潮，满足人民需求具有直接功效

在物质相对丰裕的当今社会，人们的文化消费成为消费新的亮点和增长点，同时信仰迷茫、精神空虚成为一种社会现象。加强社会主义核心价值观建设，着力推进社会主义先进文化建设，可以导引社会情绪，引领思想力量，分流精神压力，构造国民精神家园，提升国民的幸福水平。

（三）作为权利的文化

1948年《世界人权宣言》第22条规定："每个人，作为社会的一员，有权享受社会保障，并有权享受他的个人尊严和人格的自由发展所必需的经济、社会和文化方面各种权利的实现，这种实现是通过国家努力和国际合作并依照各国的组织和资源情况。"1966年《经济、社会、文化权利国际公约》规定了缔约国人人享有参加文化活动、享有科技进步及应用所产生利益并予以保护的权利。我国政府分别于1997年和1998年签署了《经济、社会、文化权利国际公约》和《公民权利和政治权利国际公约》。

党的十五届六中全会通过的《中共中央关于加强和改进党风建设的决定》指出：我们党要密切联系群众，就要切实"维护人民群众的经济权益、政治权益、文化权益"。党的十六大报告把"人民的政治、经济和文化权益得到

切实尊重和保障"作为全面建设小康社会的目标之一。胡锦涛在十七大报告中提出"要提高国家文化软实力,使人民基本文化权益得到更好保障,使社会文化生活更加丰富,使人民精神风貌更加昂扬向上"。

三、推进文化建设的现实路径

以2011年十七届六中全会为标志,中国公共文化服务体系建设实现历史性转折,《中共中央关于深化文化体制改革、推动社会文化大发展大繁荣若干重大问题的决定》明确提出建设社会主义文化强国的宏伟目标,到2020年文化事业全面繁荣,全社会覆盖的公共文化服务体系基本建成,努力实现基本公共文化服务均等化。《国家"十一五"时期文化发展规划纲要》对公共文化服务体系建设提出详细的规划,构建按照公益性、基本性、均等性、便利性的要求,以公共财政为支撑,以公益性文化单位为骨干,以全体人民为服务对象,以保障人民群众基本文化权益为主要内容的公共文化服务体系;加强公共文化产品和服务供给;加快城乡文化一体化发展;广泛开展群众性文化活动。由此可以看出,党和政府对公共文化服务十分地重视,建设"公共文化服务体系"成为我国的又一重要战略举措。

虽然当前我国对公共文化服务的投入不断增长,但由于我国文化体制改革仍处于初级阶段,现阶段的公共文化服务体系建设还面临城乡、区域、群体间供给严重的不均衡、设施不完善,无法形成设施网络体系,"设施孤岛"现象突出;公共文化产品和服务供给不足,"有馆有人无资源"现象严重;管理和服务水平不高;人才队伍数量不足,尤其是基层公共文化服务人才匮乏;资源缺乏统筹安排;政策法规体系不完善等主要问题。打造幸福社会,必然离不开文化建设,为了达到此目标,扎实推进国家公共文化服务体系建设是关键。

(一)加强引导,推进国家公共文化服务体系建设

十八大报告提出扎实推进社会主义文化强国建设,胡锦涛同志强调"文化是民族的血脉,是人民的精神家园。全面建成小康社会,实现中华民族伟

大复兴，必须推动社会主义文化大发展大繁荣，兴起社会主义文化建设新高潮，提高国家文化软实力，发挥文化引领风尚、教育人民、服务社会、推动发展的作用"，这里提到的文化也可以理解为我们现在所说的幸福文化，政府在幸福文化的建立过程中发挥着主力军的作用。

党的十八大报告强调，让人民享有健康丰富的精神文化生活，而要实现这一目标又需要以下具体的措施：

一是切实加强对文化产品创作生产的引导。创作生产更多无愧于历史、无愧于时代、无愧于人民的优秀作品，是文化繁荣发展的重要标志，也是丰富人民精神文化生活的基础工作。莫言的作品获得诺贝尔文学奖也证明了我国并不缺乏优秀的文学作品，只是国家政府要为优秀作家创作有意义的作品营造一个良好的环境，让这类有价值的文化作品更多、更好。只有当广大群众在茶余饭后从优秀的文化作品中汲取精神营养、陶冶情操时，才能让人民对于幸福有更宽泛的了解，从日常生活中发现幸福。

二是深入实施重点文化惠民工程。实施重点文化惠民工程，是加强文化基础设施建设、完善公共文化服务网络的一项基础性工作。要坚持面向基层、服务群众，切实加大对城乡基层文化建设投入力度，深入实施广播电视村村通、社区和乡镇综合文化站、文化信息资源共享、农村电影放映、农家书屋等重点文化惠民工程，努力使公共文化基础设施建设有一个大的改观，使长期存在的城乡、区域之间文化发展不平衡问题得到较好解决，使各类文化服务更好地向城乡基层末梢延伸。为更多的普通群众提供一个接触多元、优秀文化的平台，让普通百姓切实参与其中，享受幸福文化的成果。

三是大力发展健康向上的网络文化。发展健康向上的网络文化，是社会主义文化建设的迫切任务，也是丰富人民精神文化生活的必然要求。要认真贯彻"积极利用、科学发展、依法管理、确保安全"的方针，加强和改进网络内容建设，加强网络社会管理，推进网络规范有序运行，唱响网上主旋律，使互联网等新兴媒体真正成为社会主义先进文化新阵地、公共文化服务新平台、人们精神文化新空间。如今我们的生活越来越离不开网络，只有确保一个健康的网络环境，人民才能随时随地接触幸福文化，收获强烈的幸福感。

网络是一把双刃剑，它可以传播污秽信息，也可以宣扬正面能量，要想用好这把剑还需要国家增强网络的管理和监察力度。

四是广泛开展群众性文化活动。群众性文化活动，是发挥人民群众文化创造积极性的重要载体，是丰富和活跃基层群众文化生活的重要途径。要广泛开展群众乐于参与、便于参与的文化活动，支持群众兴办各种门类的文化创作演出团体，引导群众在文化建设中自我表现、自我教育、自我服务，依靠人民的智慧和力量推动文化繁荣发展。群众性的文化活动一直是普通百姓喜闻乐见的，通过这些活动，百姓们可以强健身体、丰富生活，当参与感增强并且交往意向得到满足时自然而然也就感到幸福快乐。

五是推动文化产业快速发展。要优化文化产业布局，发挥东中西部地区各自优势，加强文化产业基地规划和建设，发展文化产业集群，提高文化产业规模化、集约化、专业化水平。要促进文化和科技融合，深入实施科技带动战略，加快高新技术在文化领域的运用，做大做强一批文化科技企业和基地，发展新型文化业态。要繁荣文化市场，创新商业模式，拓展大众文化消费市场，为文化产业发展提供内生动力。要以建立现代企业制度为重点，加快推进经营性文化单位改革，推动文化产业成为国民经济支柱性产业。我国的文化产业近些年来确实取得突破性的成就，从电影票房过百亿到本土作家登上世界的领奖台，我国的文化产业可以说是硕果累累，但我们必须看到这繁荣背后的问题。电影质量缺失、文学作品的抄袭等问题一直是我国文化产业蓬勃发展的桎梏，政府提出推动文化产业的快速发展的最终目的还是希望我们能够有自己独特、高质的文化产业，如果一个国家的民众总是哈韩剧、追好莱坞大片，又怎会有幸福感可言，一个有自己文化产业的民族才是真正幸福的民族。

六是要提高文化传播领域，扩大文化领域对外开放。在当今这个信息社会，谁的传播手段先进、传播能力强大，谁的文化理念和价值观念就能广为流传，谁就掌握影响世界、影响人心的话语权。要开展多渠道多形式多层次对外文化交流，创新对外宣传方式方法，实施文化走出去工程，培育一批具有国际竞争力的外向型文化企业和中介机构，开拓国际文化市场，支持海外同胞积极开展中外人文交流，推动中华文化走向世界，增强中华文化在世界上的感召力和影响力。我们一直在说要用一种宽容、广阔的心态来面对生活，才会收获幸福，但这并不意味着幸福文化就是任由他国把我国的文化传统和精髓化为己有。面对韩国屡次抢夺我国的传统节日和历史人物，我们应该有所作为，幸福文化要求我们继承我国的传统文化，并将它们推向世界的舞台，当更多的人尊重我们、赞美我们时，幸福也就随之而来。

政府作为一个国家、民族的主体，在幸福文化建设的过程中有更多的义务要履行、有更大的职责要承担。政府要以幸福文化价值观为核心，构建幸福文化与产业体系，坚定不移地采取相应措施保证我国幸福文化建设的进程。

（二）引导社会组织参与文化建设

建设幸福文化还需要众多有担当、有勇气的社会组织来鼎力支持。政府的规章制度是以官方的姿态来实施的，而社会组织可以用民间的方式来推进幸福文化的建设，社会组织的推动力量是不可小觑的，它往往有更广泛、更深远的影响。

社会组织的类型成千上万，它们所起到的作用也是大不相同的。这里不得不提中国"首善"陈光标，不管民众对他的行善方式有多少非议，他确确实实在一点一滴做善事。当中纪委下发反对铺张浪费的禁令时，他又第一个做出了回应，他率领着自己的员工进餐馆吃剩菜剩饭，先不说他这一做法是否恰当，他的出发点总归是为了宣扬一种勤俭节约之风。陈光标的"首善"头衔并不是浪得虚名，我们应该承认他的慈善之心，他的环保意识在一定程度上弘扬了一种积极正面的社会风气，对于幸福文化的建设也有促进作用。和陈光标以及他的公司一样，一些公司企业一直都致力于慈善、环保等公益性事业，或许他们的最终目的是为了博知名度、求销售额，但不能否认的是他们的行为确实对社会新风气的树立、幸福文化的建设起到了积极作用。所以不管社会营利性组织支持公益性活动的最终目的是否单纯，我们还是应该倡导更多的这类组织投身其中，为幸福文化建设出力。

社会组织除了营利性的，还有非营利性的，如果说社会营利性组织在参与公益活动的同时有利益的驱使，那么社会非营利组织的公益行为就是完全无偿的。现如今各种慈善基金、各种自愿团队相继成立，这类组织的涌现对于幸福文化的建设是有巨大推动作用的。这类组织的影响可以归结为三方面，对于施助者来说，收获的是"赠人玫瑰，手留余香"的幸福；对于受助者来说，收获的是"雪中送炭"的幸福；对于组织之外的民众来说，收获的是洗涤心灵、提升内涵的幸福。

社会组织在幸福文化建设中的地位越来越重，政府在幸福文化建设中的许多努力都是通过硬性的法律法规实现的，社会组织则大多是以一种柔和的方式来推动幸福文化建设。政府和社会组织是幸福文化建设中重要的两股力量，刚柔并济，方能取得成效。

小结

幸福文化是社会对于每一个公民个体精神上的满足，全面的幸福文化体系需要把个人幸福、家庭幸福和国家幸福相统一，把长远幸福和眼前幸福相统一，把幸福的目标和实现幸福的手段相统一。幸福文化不是水中月镜中花，它是实实在在摸得着看得见的，气象预报上有一种温度叫体感温度，延伸到幸福社会上，我们可以说幸福社会是一种体感社会，是一种现实的考量，是一种可触摸的幸福。

在此我们主要讨论了幸福社会和文化建设间的关系，幸福感与一个民族的文化息息相关，而一个民族的文化又与社会风气密不可分，因此要增强幸福感就要树立积极正面的社会风气。幸福文化不仅仅包括社会新风气，还有更深远、更广阔的内涵，其中最主要的是精神的慰藉和心态的转变。因为幸福文化的多元性，所以幸福文化建设需要各方面的共同努力，只有将官方的硬性规定和民间的软性宣传相结合、集体的巨大影响和个人的切实改变相结合，才能让幸福文化扎根于中华民族的秉性之中。

第十一章

民主权利保障与群众幸福

民主、法治、人权是人类共同的政治理想，也是当代中国政治文明建设的基本内容。自人类社会进入近代以来，民主作为一种政治价值已逐步得到普遍承认，实行民主已成为世界性潮流。当前，中国人民追寻幸福生活，实现"中国梦"的宏伟目标，离不开民主权利的制度保障和具体实现。党的十八大为我国政治发展道路与政治体制改革描绘了蓝图：必须继续积极稳妥推进政治体制改革，发展更加广泛、更加充分、更加健全的人民民主。必须坚持党的领导、人民当家作主、依法治国有机统一。这些是建设幸福社会的政治保证。

一、我国的民主权利

（一）什么是民主权利

民主一词，源于古希腊，有协商、议定、权利平等的含义。民主权利与人身权利完全不同，人身权利包括个人的人格权和身份权、人身自由、生命健康和人格尊严，人格尊严又包括肖像权、名誉权、荣誉权、姓名权和隐私权等与经济无关的个人权利；而民主权利则包括民众的知情权、言论权、参与权、监督权、选举权和被选举权等民众的公共权利。

根据我们国家的性质，我国是人民民主专政的国家，国家的一切权利属于人民，人民当家作主，国家宪法保障人民民主权利不受伤害。

(二) 我国公民享有的民主权利

我国宪法规定了公民享有的民主权利。包括：平等权；选举权与被选举权；言论、出版、集会、结社、旅行、示威的自由；宗教信仰自由，包括信仰宗教的自由和不信仰宗教的自由；对于任何国家机关和国家工作人员的违法失职行为，有申诉、控告或检举的权利；由于国家机关和国家工作人员侵犯公民权利而受到损失的人，有依法取得赔偿的权利。

二、保障民主权利是幸福社会建设的前提

（一）宪法是公民民主权利的保障书

宪法作为我国的根本大法，其基本内容可归纳为两大部分：1. 规范国家权力的正确行使；2. 保障公民的基本权利。

宪法是母法，是制定法律的依据，任何法律法规都不得与宪法相抵触。宪法是"基本法"，宪法所规定的公民基本权利都是作为人在社会经济生活中所必须具备的最起码的权利。需要指出的是，宪法赋予公民的基本权利都是授予性的，从法律规则的构成要素看，缺少法律后果，因此这也是不太完善的部分，总而言之，宪法是保障公民基本权利的根本大法，是公民民主权利的保障书。

（二）坚持走中国特色社会主义政治发展道路，有序推进政治体制改革

人民代表大会制度是中华人民共和国的根本政治制度，我国公民的民主权利是在该制度的保障下得以实现的。完善人民代表大会制度是我国政治体制改革的重要部分。具体来说，首先要进一步完善人大代表的选举；其次要进一步加强人大的立法职能和监督职能；最后要进一步密切人大与群众的联系。我国人民代表大会制度的优越性将随其不断地完善而进一步显现出来。人民代表大会制度的完善，必然为公民更好地实现自身的民主权利提供更加坚实的保障。

党的十八大报告明确提出坚持走中国特色社会主义政治发展道路和推进

体制改革。"人民民主是我们党始终高扬的光辉旗帜。改革开放以来，我们总结发展社会主义民主正反两方面经验，强调人民民主是社会主义的生命，坚持国家一切权利属于人民，不断推进政治体制改革，社会主义民主政治取得重大进展，成功开辟和坚持了中国特色社会主义政治发展道路，为实现最广泛的人民民主确立了正确方向。""必须继续积极稳妥推进政治体制改革，发展更加广泛、更加充分、更加健全的人民民主。""要更加注重改进党的领导方式和执政方式，保证党领导人民有效治理国家；更加注重健全民主制度、丰富民主形式，保证人民依法实行民主选举、民主决策、民主管理、民主监督；更加注重发挥法治在国家治理和社会管理中的重要作用，维护国家法制统一、尊严、权威，保证人民依法享有广泛权利和自由。"

发展社会主义民主政治，建设社会主义政治文明，必须把党的领导、人民当家作主和依法治国有机结合起来，党应该支持人民当家作主，努力丰富民主形式，发展基层民主，保障人民享有更多的民主权利，这样不仅有利于发展社会主义民主政治，建设社会主义政治文明，还有利于建设社会主义新农村及构建社会主义和谐社会。

（三）加强法治建设，将权力关进制度的"牢笼"

社会主义法制对社会主义民主的保障作用表现为：1. 将社会主义民主、人民当家作主的权利加以规定，使之成为行为规范。2. 对人民群众如何行使民主权利作了明确的规定，将人民管理国家的民主权利通过国家立法上升为国家意志，从而赋予其普遍效力。3. 保护人民的民主权利，将民主权利的保障体现在全部立法活动即法律的制定、修改、废止等过程中。只有依法治国，减少特权和人治色彩，才会减少权力的滥用，以及对他人权益的侵害。只有政府依法行政，才能保障公民的权益得到保护。

法律对公民权利的保护，主要体现在对公权力的约束上：第一，法律确定权力的主体，避免权力行使中的狐假虎威和越权行为，使民主和权利尽可能少受不当权力的制约和侵害。第二，法律确定权力的内容，避免权力的膨胀和滥用，减少权力对民主和权利的侵犯。第三，法律确定权力的行使方式，使权力在法定的轨道上运行，防止权力对民主和权利的践踏。第四，法律确定权力的监督，把权力置于相对状态之中，避免绝对的权力导致绝对的腐败，使权力主体随时受到监督，即使出现偏差也能被及时校正。

"我们一切干部的权力都是人民群众赋予的，干部要为人民全心全意服务"，这话我们耳熟能详。毕竟，在我们这样一个民主社会里，是由"人民当家作主的"。但在现实中，个别干部掌握着人民赋予的权力，却干着侵害公民民主权益的事情，阻碍了公民民主与权利的实施与实现。因此，有必要通过相应的法律法规，加大对权力的制约作用，把权力关进制度的"牢笼"，让权力在阳光下运作。

（四）发展基层民主，提升公民权利意识

胡锦涛同志在党的十七大政治报告中就曾指出："人民依法直接行使民主权利，管理基层公共事务和公益事业、实行自我管理、自我服务、自我教育、自我监督，对干部实行民主监督，是人民当家作主最有效、最广泛的途径，必须作为发展社会主义民主政治的基础性工程重点推进。"习近平总书记就坚持和发展"枫桥经验"作出重要指示，他强调，各级党委和政府要充分认识"枫桥经验"的重大意义，发扬优良作风，适应时代要求，创新群众工作方法，善于运用法治思维和法治方式解决涉及群众切身利益的矛盾和问题，把"枫桥经验"坚持好、发展好，把党的群众路线坚持好、贯彻好。

1. 发展基层民主的重要意义

把发展基层民主、保障人民享有更多更切实的民主权利作为发展社会主义民主政治的基础性工程重点推进，从根本上说，这是由基层民主在社会主义民主中的地位和作用决定的。我国地域辽阔、人口众多、社会管理层次较多，人民生产生活的重心在基层，基层公共事业的发展和基层公共事务的管理涉及人民群众的切身利益，基层民主同保证人民合法权益密切相关。这一切决定依法直接行使民主权利，管理基层公共事务和公益事业，实行自我管理、自我服务、自我教育、自我监督，对干部实行民主监督，是人民当家作主最有效、最广泛的途径。把基层民主发展起来了，人民有序政治参与的积极性

就能得到进一步调动，就能有效推动其他方面民主的发展。发展社会主义基层民主，有利于坚持和巩固人民当家作主的政治地位，有利于反映和实现人民群众的意志和愿望，有利于密切党同政府与人民群众的联系，有利于调动一切积极因素为改革开放和社会主义现代化建设服务，有利于实现好、维护好、发展好最广大人民的根本利益，有利于促进社会和谐，实现国家长治久安。

把发展基层民主，保障人民享有更多更切实的民主权利作为发展社会主义民主政治的基础性工程重点推进，也是我国扩大社会主义民主的一条成功经验。新中国成立以来特别是改革开放以来，我们党一直高度重视基层民主建设，积极发展各种形式的基层民主，包括村民自治、城市居民自治、职工代表大会和其他形式的企事业民主管理制度等，有效发展社会自治功能，推进民主选举、民主决策、民主管理、民主监督，努力提高人民有序政治参与的能力和水平，为基层各项事业发展提供了重要的政治环境保障，有力扩大了社会主义民主。事实证明，发展基层民主，是提高人民群众政治素质和管理能力的重要平台，是人民实现有序政治参与的重要渠道，是推进我国社会主义民主政治建设的重要内容。

把发展基层民主、保障人民享有更多更切实的民主权利作为发展社会主义民主政治的基础性工程重点推进，也是对广大人民群众扩大民主意愿的准确把握。必须看到，我国的民主法制建设虽然已取得了很大进步，但与扩大民主包括扩大基层民主的要求还不完全适应，因此，我们要全面做好发展基层民主的工作，扎扎实实地推进我国的社会主义基层民主政治建设。[1]

2. 发展基层民主的落脚点

把发展基层民主、保障人民享有更多更切实的民主权利作为发展社会主义民主政治的基础性工程重点推进，重点要落实好以下几个方面工作：

一是要健全基层党组织领导的充满活力的基层群众自治机制，扩大基层群众自治范围，完善民主管理制度，把城乡社区建设成为管理有序、服务完善、文明祥和的社会生活共同体。在农村，要把党的领导、发扬民主和依法办事

---

[1]《报告解读六：坚定不移发展社会主义民主政治》，大众日报，2007年11月02日。

更好地结合起来，加强以村党组织为核心的村级组织建设，规范乡镇政府与村民委员会的工作关系；保障农村居民依法行使民主选举、民主决策、民主管理、民主监督的权利，不断提高村民依法行使民主权利的能力和水平；强化村务管理的监督机制，加强对基层干部的监督；健全村务公开制度，做到凡是需要公开的村务工作和被列入民主管理范围的工作，都要健全制度、严格依照制度办事。在城市，要加强社区建设，切实贯彻执行居民委员会组织法，规范基层政府和社区的关系，充分发挥社区民主在民主决策方面的主体作用，有效发挥街道、居委会的管理和服务职能，对社区内公共事务进行民主决策，努力提高社区居民自我管理的能力和水平；要实行居委会事务公开制度。凡是居民关心的热点、难点问题和涉及全体居民切身利益的重大事务，都及时向居民公开，听取居民意见，接受居民监督；居民委员会要积极协助政府做好公共服务和社会管理工作，实现政府行政管理和社区自我管理有效衔接，政府依法行政和居民依法自治良性互动。

二是要全心全意依靠工人阶级，完善以职工代表大会为基本形式的企事业单位民主管理制度，推进厂务公开、支持职工参与管理、维护职工合法权益。要积极拓展厂务公开、民主管理的内容和形式，要抓住发展和谐劳动关系这条主线，围绕劳动就业、收入分配、社会保障、安全生产、干部评议与聘用、商业贿赂、国有企业领导人员职务消费等重点、难点、热点问题，加大公开力度。要明确责任、分工协作，切实加强厂务公开等民主管理工作的领导，进一步加强企业民主管理的体制、机制、制度建设。要尊重群众首创精神，深入实际、深入基层，开展全面、系统的调查研究，探索和把握新形势下开展企业民主管理工作的特点和规律。要加强分类指导和督促检查，加大总结经验、宣传典型的力度，扩大企业民主管理工作的影响，努力营造党和政府高度重视、全社会关心和支持企业民主管理工作的良好氛围。

三是要深化乡镇机构改革，加强基层政权建设，完善政务公开、村务公开等制度，实现政府行政管理与基层群众自治有效衔接和良性互动。要以增强社会服务功能和提高社会管理能力、依法办事能力为重点，大力加强基层政权建设。要更加重视基层组织建设，加大对城乡基层组织阵地建设的投入，使城乡基层组织真正成为基层民主建设的组织者、推动者和实践者。要紧紧依靠广大基层干部做好基层基础工作，加强基层干部队伍建设，制定和落实定期轮训、考评激励、待遇保障等制度措施。要严格要求、真心爱护基层干部，积极帮助他们解决工作生活中的困难。要完善公务员录用制度，注意从基层选拔优秀干部充实各级党政机关，鼓励年轻干部和大学生到基层建功立业。要认真研究基层政权建设中的新情况和新问题，积极探索扩大基层民主的途径和方法，推进组织制度创新。

四是要发挥社会组织在扩大群众参与、反映群众诉求方面的积极作用、增强社会自治功能。要坚持培育发展和管理监督并重，完善培育扶持和依法管理社会组织的政策，发挥各类社会组织提供服务、反映诉求、规范行为的作用。要发挥和规范律师、公证、会计、资产评估等机构，鼓励社会力量在教育、科技、文化、卫生、体育、社会福利等领域兴办民办非企业单位。要发挥行业协会、学会、商会等社会团体的社会功能，为经济社会发展服务。要发展和规范各类基金会，促进公益事业发展。要引导各类社会组织加强自身建设，提高自律性和诚信度。

3. 发展基层民主需要提升公民权利意识

随着改革开放的深入和社会主义市场经济的发展，我国公民权利意识正在觉醒，维护权利的行为也趋向自觉。面对一个又一个的侵权案件，越来越多的公民走上了艰难曲折的维权之路。我们看到张先著、周伟因政府"乙肝歧视"进行的行政诉讼；看到四川自贡违规征地"坑农"大案被中央电视台曝光后，当地3万农民走上艰难的"民告官"之路；看到农民工张海超"开胸验肺"，坚定职业病索讨企业工伤赔偿……我们也欣喜地看到富有良知和正义感的公共知识分子浪潮般地涌现；知名学者、作家逐渐在维权事件和签名活动中出现；律师、法学家和其他知识分子也在个人和弱势群体维权中开始发挥巨大作用。这些维权行动不仅体现了公民在时代对"权利意识"的诉求下敢于为权利而斗争，为法律公正而斗争，也表明公民对精神生活和法律实践的追求。

公民权利需要法律和制度的保障。法律和权利是不可分割的，保障权利是法律的重要价值原则。没有公民的权利意识，就不可能有现代法治。以宪法和法律保障公民基本权利，是社会主义民主和法制发展的重要标志。我国宪法明确规定："国家尊重和保障人权。"并规定公民享有广泛的权利和自由。从整体上看，目前我国公民权利意识淡薄的状况还普遍存在，不少人还不清楚自己有什么权利和怎么维护自己的权利。因此，完善相关法律法规，加强并重视公民权利意识的培养就显得尤为重要了。同时，维护公民的权利意识还要依靠各种制度，不仅是法律制度的健全和落实，也在于各级政府和主管部门加强管理、督促和检查。2003年被公众称为"权利年"，中国政府采取一系列的措施打击侵害公民权利的行为，在维护公民权利方面做出了巨大的贡献。温家宝总理亲自为农民工讨要工资的事在社会上引起了巨大反响，它使保护农民工合法权益的问题提到了各级政府的重要议事日程，得到广大群众的拥护。这些行动为中国共产党"立党为公，执政为民"的执政理念和中国政府"以人为本"思想注入了新的血液和活力，更好地体现了全心全意为人民服务的宗旨。

公民权利意识的形成和发展受到社会各个方面的影响。因此，公民权利意识的提高不仅是公民个人的事，也是社会应该高度关注的问题，个人、社会、国家都应参与到公民权利意识的发展这场意识形态方面的变革中来。首先，要依靠公民自己。公民要不断提高自身的科学文化水平，敢于与各种侵权行为作斗争，维护自身的正当利益。其次，社会群体也应广泛呼应维权行动，加强对公民权利意识的宣传和教育，为公民权利意识的成长创造良好的社会环境，培育公民社会。同时，国家机关各部门也应积极维护宪法和法律的权威，构建完善的司法保障系统，将权利监督落到实处，为公民权利意识的觉醒和发展提供有力的法律保障。

伴随社会主义市场经济的进一步发展和完善，公民权利意识一定会更深入、全面地发展，但目前我国公民的权利意识仍停留在初步发展阶段。要使我国公民普遍认识到法律的意义，自觉利用法律来维护自己的权利，就必须提高公民的权利意识，而这还有很漫长的路要走。任重而道远，但只要我们不回避，明确并且逐步解决各方面弊端，这条道路就一定能走下去并且越走越宽广明亮。

4. 发展基层民主需要注意的几个问题

发展基层民主，保障人民享有更多更切实的民主权利作为发展社会主义民主政治的基础性工程重点推进，必须要关注的几点问题：

一是要坚定不移地坚持党的领导。党的领导是人民当家作主的根本保证，也是发展基层民主的根本保证。从根本上说，我国的基层民主是广大人民群众在党的领导下实行民主选举、民主决策、民主管理、民主监督，是党领导和支持人民当家作主的一个重要内容。只有坚持党的领导，才能真正保证基层民主建设沿着正确政治方向前进，才能切实做到有效保证人民的政治权益，才能不断巩固党的执政地位和社会主义政权的社会基础。

二是要有机地融入社会主义民主政治建设的总进程。作为社会主义民主的重要组成部分，基层民主应该也必须适应社会主义民主的总体要求，在发展社会主义民主的总体框架内有序发展。党的十七大明确提出，要坚持和完善人民代表大会制度，中国共产党领导的多党合作和政治协商制度、民族区域自治制度以及基层群众自治制度，不断推进社会主义政治制度自我完善和发展。这就把基层群众自治制度作为社会主义民主政治的四项制度安排之一提了出来，也向我们提出了协调推进社会主义政治建设的新的更高要求。只有按照扩大社会主义民主的总体战略部署，着眼于增强社会主义民主的生机活力，发展基层民主才能在社会主义民主政治建设进程中最大限度地发挥其不可或缺和不可替代的重要作用。

三是要切实贯彻依法治国基本方略。依法治国，是我们党领导人民治理国家的基本方略，也是发展基层民主必须坚持的重要原则。邓小平同志深刻指出，为了保障民主，必须加强法制。必须使民主制度化、法律化，使这种制度和法律不因领导人的改变而改变，不因领导人的看法和注意力的改变而改变。推进基层民主建设，同样要求体现这一要求。只有加强基层民主法制建设，完善有关法律法规，坚持依法办事，不断增强广大人民群众依法享有政治权利的意识，基层民主才能在法治轨道上稳步发展，基层政治生活才能真正朝着巩固和发展民主团结，生动活泼，安定和谐的政治局面的方向不断向前发展。

四是要坚持人民群众发展基层民主的主体地位。人民原本就是一个国家的主体和主人,是推动社会主义民主发展的力量源泉。发展基层民主,是人民群众自己的事业,根本目的是维护好、实现好、发展好广大人民的根本利益。因此,发展基层民主,必须把依靠人民、为了人民作为根本出发点和落脚点,充分把握广大人民群众的民主意愿,努力动员和组织广大人民群众积极投身基层民主建设,不断巩固人民群众当家作主的政治地位。只有这样,才能充分调动最广大人民群众发展基层民主的积极性和主动性,使基层民主建设具有不竭的力量源泉。

小结

民主权利和社会参与,是个人幸福的基本保证。本章首先介绍了我国公民享有的各项民主权利,进而阐述了确保公民的民主权利是幸福社会建设的前提。在宪法和法律的框架下,推进社会主义民主政治体制改革和建设,是保障公民民主权利的重要途径。因此,包括各级政府在内的社会主体,都必然要在法律的框架下行事,任何单位和个人都没有超越法律的权力。法治建设能够将权力关进制度的"牢笼",杜绝权大于法的现象。尊重法律,依靠法治,是确保公民合法权益的重要制度保障。在具体实践中,需要通过发展基层民主来确保公民的民主权利,通过提升公民的权利意识,完善村民自治、城市居民自治、职工代表大会和其他形式的企事业民主管理制度等形式,提高群众参与社会治理的比例,通过扩大社会参与,支持社会组织的发展,实现群众的自我教育、自我管理和自我服务。

第十二章

创建良好的舆论环境，提升群众幸福感

社会转型时期复杂多变的现象，使许多人感到彷徨、困惑和是非难辨。在这种社会心态下，舆论导向的作用可能就是决定性的。正确的舆论导向可以强化积极健康的社会心态，扭转和消除不良的社会心态；错误的舆论导向则会推动不良社会心态的迅速扩散，甚至会酿成严重恶果。因此，正确把握舆论导向，对于培育健康的社会心态，塑造积极健康幸福的公众社会心理，具有重要的意义和影响。

舆论是公众关于现实社会以及社会中的各种现象、问题所表达的信念、态度、意见和情绪表现的总和。当前，我国的改革进入深水区，社会利益格局复杂，调整起来非常困难。但改革就必然会触动部分人群的利益。社会成员之间的比较，必然会带来人们认知和心态上的变化，进而表现为一定的社会心理特点，这些特点会通过大众媒介和新媒体表现出来。在此过程中，盲目攀比、拜金主义、偏激思想、发泄言论等等都可能表现出来。这些不健康的心理都需要进行引导和疏导，以打造有利于提升群众幸福感的社会氛围。

因此，如何通过创建良好的舆论，加强心理疏导，营造健康向上的社会氛围，进而提升大众幸福感，成为各级政府面临的重要课题。

一、舆论引导,增强群众幸福感

(一)舆论引导的内涵

舆论引导是一种运用舆论操纵人们的意识,引导人们的意向,从而控制人们的行为,使他们按照社会管理者制定的路线、方针、规章从事社会活动的传播行为。主要包括三方面内容:对当前社会舆论的评价;对当前社会舆论及舆论行为的引导;就某一社会事实制造舆论。正向舆论能够对社会发展起到推动和促进作用,而负向舆论则对社会发展起到破坏和阻滞作用。

(二)幸福社会建设需要积极正面地引导舆论

新闻媒体、报纸、网络平台等新闻传播从业者必须扛起引导积极健康社会舆论的旗帜。通过道德模范等先进典型的作用,通过社会主义核心价值观来塑造社会成员间的共识,引导和带动社会舆论朝着有利于幸福社会心态的方向前进。人民的幸福生活不是抽象的,它是由无数具体个人的幸福生活所构成,没有具体人的幸福,就谈不上人民的幸福、人类的幸福。为创造人民的幸福生活服务,就要把工作切实做到人民群众的日常生活中,从生活中挖掘生动事例,吸取新鲜营养,展示美好前景,激励人民群众同心协力,为创造更加美好的新生活而奋斗。要引导人们树立科学的幸福观,正确认识现实生活,正确理解幸福的内涵,注重提升幸福的品质,善于体验幸福的境界,提高人们创造幸福生活的能力;引导人们正确看待自己的发展和对他人、对社会所应履行的责任与义务,以正确合理的方式方法获得自身的幸福,实现个人的健康发展;引导人们把追求自身幸福与为他人谋幸福、为社会谋福利有机结合起来,更加积极地投入到和谐社会建设中去,实现个人与社会的和谐发展。

当前社会,人们普遍具有追求真、善、美的心理需求,喜欢看到丑恶的现象被批判、鞭挞,看到正义和正气得到弘扬。人们之所以对正面典型报道存在巨大需求,这种道德心理是重要的基础。中央电视台《感动中国》栏目,以及寻找最美乡村医生、最美村官、最美消防员、最美乡村教师、最美孝心少年，莫不是为当前的社会舆论导入正能量，引导社会心理积极向上，追求幸福。下面我们以"感动中国"为例。

首先，"感动中国"的着力点就集中定位于社会的共同道德心理，通过"感动"这个关键词，把公众心目中的人物推选出来。他们确定"感动公众、感动中国"的主题，并确定了6条具体标准：为推动社会进步、时代发展作出杰出贡献，获得重大荣誉并引起社会广泛关注；在各行各业具有杰出贡献或重大表现，国家级重大项目主要贡献者；爱岗敬业，在平凡的岗位上做出了不平凡的事迹；以个人的力量，为社会公平正义、人类生存环境作出突出贡献；个人的经历或行为，代表了社会发展方向、社会价值观取向及时代精神；个人在生活、家庭、情感上的表现特别感人，体现中国传统美德和良好社会风尚。这6条，集中起来实际上就是通过公众共推的方式，把公众共同的道德心理集聚起来。

其次，"感动中国"把自己定位于让整个民族动容，借助央视的传播主渠道地位，评选出的人物大力弘扬了公众普遍认可的精神和美德，与社会普遍的价值判断标准相一致，与大众的精神追求相吻合，从而形成了强烈共鸣。受"感动中国"活动的影响，一些地方机构和媒体纷纷模仿举办"感动社区十大人物"、"感动春运人物"等，基本上都着眼于"精神受到打动"这种模式，突出了事迹向精神的升华。[1]

积极的舆论引导可以凝聚社会共识，宣传真善美，最终使得居民在积极健康的社会心态中感知到幸福。

二、加强人文关怀，通过心理疏导增强幸福感

（一）心理疏导与人文关怀[2]

心理疏导是通过解释、说明、同情、支持和相互之间的理解，运用语

---

[1] 吴锦才，《群众向上心态和正面典型报道》，新华网，2007年03月02日。
[2] 中国政研会培训部，《加强人文关怀和心理疏导，开创思想政治工作新局面》，思想政治工作研究，2012年01期。

言和非语言的沟通方式,来影响对方的心理状态,改善或改变心理问题人群的认知、信念、情感、态度和行为等,达到降低、解除不良心理状态的目的。

人文关怀,是对人的生存状况的关注,对人的尊严与符合人性的生活条件的肯定,以及对人类解放与自由的追求。人文关怀是以人的生存、安全、自尊、发展等需要为出发点和归宿,以充分尊重人、理解人、肯定人、丰富人、发展人、完善人、促进人的全面发展为内在价值尺度。在生活层面上,人文关怀以消除贫困为奋斗目标;在价值层面上,人文关怀以达到社会公平与正义为奋斗目标;在理想层面上,人文关怀以实现人的全面发展为奋斗目标。思想政治工作注重人文关怀,就是要尊重人的主体地位和个性差异,关心人丰富多样的个体需求,激发人的主动性积极性创造性,促进人的自由全面发展。

人文关怀是心理疏导的内在要求和目的,心理疏导是实现人文关怀的一种手段,注重心理疏导的形式本身就体现着人文关怀。注重人文关怀和心理疏导,是"以人为本"的原则要求在具体生活领域内的体现。

社会的和谐发展依赖于每一位社会成员的健康和良好的发展状态,而每个社会成员健康和良好的发展状态,关键在于其心理疏导状况的不断提高和完善。

(二)群众幸福感为何离不开人文关怀和心理疏导

当前,随着改革开放和社会主义市场经济的发展,我国已经进入了社会全面进步、人民群众生活较为富裕的历史时期。不仅逐步成为世界上发展最快的国家之一,其发展速度也为世人所瞩目,但随之而来的是,一些影响社会和谐的问题开始凸显:社会转型期急剧的社会变化,导致人们生活和工作压力明显增大,各种心理行为障碍大幅度增加。特别是一些"上班族",生活、工作压力不断增大,生存方式、思维模式和日常生活都在发生变化,心理要求与现实变化存在落差,加之现实生活中人与人之间的矛盾纠葛,更容易产生压抑、焦躁、不安、紧张、冷漠、怀疑、怨恨、偏执等不良情绪,甚至有人因此而陷入痛苦之中。这些不良情绪如果得不到及时疏导化解，经过长期的累积发酵，就会造成心理障碍、心理失控甚至心理危机，不仅伤及个人身心健康和幸福，也会造成一些社会问题。这就迫切需要政府和社会加强人文关怀和心理疏导，培育人们乐观、豁达、宽容的精神，有效调适人们的情感和心理，帮助人们克服心理障碍，促进人们心理健康，塑造健全人格，推动经济社会和人的全面发展。

（三）如何建设公众的社会心理疏导机制

1. 构建制度化的社会支持和心理疏导机制

通过创新传统思想政治工作形式，推进专业社会工作在城乡社会的覆盖，通过心理咨询、个案辅导、同伴支持等手段，构建制度化的心理疏导机制。

当前，我国正处于城市化的加速期，城市社会结构变化加快、社会问题引发的矛盾增多、城市居民工作生活压力加大，城市化面临许多迫切需要解决的问题。要积极把握城市居民思想实际和心理特点，针对社会结构变化导致部分社会群体归属感降低，企业改制、城市拆迁、贫富差距拉开引发的社会矛盾和心理失衡，工作生活压力加大导致人们的心理负担过重等情况，加强心理疏导工作，最大限度地消除影响社会和谐稳定的潜在因素，培养积极健康向上的社会心态。要结合城市的特点，发挥好社区（街道）、学校、企业、媒体等单位在人文关怀和心理疏导工作中的作用，推动机关、企事业单位把心理服务融入文化建设和业务工作。这方面，上海市取得了很好的经验。作为国际化大都市，上海社会群体构成更为复杂，利益诉求更加多样，思想观念碰撞更为激烈，社会管理难度更大。上海市各级党政组织注重将人文关怀和心理疏导与加强和创新社会管理结合起来，贯穿于改革调整、运用于城市管理、渗透于城市发展；在实际工作中，社区党组织、驻区单位党组织和"两新"党组织联建共创，推动心理疏导工作进社区、进家庭、进心灵，营造了快乐、健康、有序的和谐社会氛围，为加强和创新社会管理奠定了坚实的基础。[1]

此外，在乡村，留守儿童、妇女和老人的社会心理也面临着极大的挑战。留守儿童缺乏亲情关爱，导致心理敏感、脆弱，部分地区频发留守女童被侵害事件。妇女面临感情缺失的问题，孤独是常见问题，一些进城务工农民结成"临时夫妻"。老人更是与疾病和孤独为伴，心理健康水平较低。这些都需要通过制度化的方式加以关注和解决。

2. 重视对弱势群体的心理疏导工作

南开大学社会心理学系李强教授认为，对于预防和控制极端个体心理失衡，建立良好的官方系统和民间系统两种社会支持系统是必要的。在现有社会支持系统下，有两类人群较难获得有效的社会支持：一是没有稳定工作单位或工作单位（如有些民营、私营公司）不能提供有效的社会支持；二是家人、亲朋好友同为弱势群体，由于人力资本和社会资本都较低，在遭遇大的压力性生活事件（如家庭经济困难、下岗失业、患病、升学就业、拆迁）时，难以获得有效的社会支持。因此，在和谐社会建设与和谐心理促进中，亟待构建符合我国国情的社会支持系统，尤其是针对上述两类人群的社会支持。这一对极端个体心理疏导的社会机制，一是进一步发挥政府支持的主渠道作用，强化政府有关部门的社会责任，加强企事业尤其是民营企业的社会责任，将员工心理卫生服务纳入员工福利计划当中。二是发挥民间系统的社会支持作用。通过社会倡导和行政推动，建立"一对一"或"一对多"的"富帮穷"、"强帮弱"帮扶关系，克服人际关系的"差序格局"对弱势群体带来的不利影响，提高弱势群体的社会关系资源，增强他们应对压力事件的能力。[2]

3. 注重突发事件参与群体的心理干预机制

南开大学社会心理学系主任、中国社会心理学会会长乐国安教授提出：自20世纪90年代中期以来，当代中国社会转型进入了一个新的"风险社会"阶段。在这个阶段中，各种各样的利益保卫行动和利益磋商行动已经越来越

---

[1] 中国政研会培训部，《加强人文关怀和心理疏导，开创思想政治工作新局面》，思想政治工作研究，2012年01期。

[2]《建设和谐社会，重视公众社会心理疏导》，天津日报，2010年07月19日，第10版。

占据社会生活的中心,使得利益的供给和分配,成为引发各种社会冲突和群体性突发事件的一个焦点领域,成为当前社会问题和社会心理问题的一个突出方面。在这一背景下,应对群体性突发事件必须建立经常性的预测、预防和心理干预的社会机制。

第一,在预测方面,主要是开展如下工作:(1)建立社会稳定度指标。(2)评价国民生活满意度。第二,积极开展预防工作,包括:(1)提高社会公平度。(2)设立社会安全阀机制。让社会成员有途径表达他们的意见和诉求,要建立获取民意的机制。第三,开展心理干预工作。主要指突发事件发生过程及之后,借用各种心理治疗手段,帮助当事人处理当前存在的问题,恢复心理平衡,安全度过危险期,以缓和当事人内心的紧张感,使之心理和情绪恢复到一种理性或较为理性状态的一种社会应对机制。

为突发事件各类当事人提供心理援助和心理干预,不但有助于当事人的心理健康,同时也有助于和谐社会的构建和社会局面的安定。这一工作机制可包含两层含义:一是对突发事件,特别是灾难事件的各类当事人进行心理危机干预或心理援助;一是对消极性群体性事件的预防和处理,以防止事态的进一步发展和扩大。[1]

小结

国家的一切发展应当更多地以民众精神层面上的发展及国民幸福感的增长为根本目标,"国民幸福总值"的增长远比经济上的数字增长更为重要,且精神层面的幸福感不是付钱的、以消费快感为前提的、昙花一现的"幸福"。

提高舆论引导能力,要注意尊重传播学规律和群众心理特点,贴近群众、贴近生活和贴近实际,积极发挥优秀模范人物的作用,以社会主义核心价值观的培育为具体抓手,在国家层面,倡导富强、民主、文明、和谐,在社会层面,倡导自由、平等、公正、法治,在个人层面,倡导爱国、敬业、诚信、

---

[1]《建设和谐社会,重视公众社会心理疏导》,天津日报,2010年07月19日,第10版。

友善。同时，也要把人文关怀和心理疏导融入解决群众最关心、最直接、最现实的具体问题之中，才能引领群众，凝聚人心；只有把人文关怀和心理疏导作为加强社会服务的实事工程，才能做细做实，保持长效。

积极地舆论引导、适时地心理疏导、关注群众幸福感，幸福社会建设才会越来越美好，我们的幸福社会建设才会指日可待，我们的幸福中国目标才会早日实现。

结　语

共建共享共幸福

　　幸福社会建设的内涵与和谐社会建设、科学发展是一脉相承的，与全面建成小康社会、实现中华民族伟大复兴的"中国梦"本质上也是一致的。

　　幸福社会建设不会一蹴而就，而是一个长期的实践过程。这是因为相对于经济建设和物质生活水平的提高，主观的满意度提高往往很困难。改革开放初期的一句俗语很形象地说明了这一点："端起碗吃肉，放下碗骂娘。"个人幸福与否，与诸多因素相关联，是一个很复杂的问题。有时候本无所谓"幸福不幸福"，但与"参照群体"相比，感到幸福感陡增或者被剥夺、毫无幸福而言的情况都可能发生。就历史发展来看，幸福的增加也并不总与经济发展水平呈正相关，某些时候经济的剧烈增长反倒会降低人们的幸福感，因为处于剧烈变动阶段的人群往往面临着工作和家庭方面的巨大压力，幸福感的体验并不强烈。但这也不代表幸福感就是完全主观的。相比主观感受，基础设施建设更容易实现。有了更好的基础设施，更完善健全的社会保障制度，更充分的教育、医疗等民生领域的公共服务供给，个人主观的幸福感才有可能提升，社会的整体幸福水平也才有可能得以提升。从这个意义上讲，整体社会的幸福建设工程，切实可行且现实意义重大，在全面建成小康社会、实现中华民族复兴梦的大背景下，也是极为迫切的施政目标。要建设我们的幸福社会，有几点必须把握。

一、构造政府引导、社会组织协作、民众共同参与的格局

首先，建设幸福社会，需要政府主导、多方共同参与。当前的幸福社会建设，需要政府引领和主导。即使在政府内部，建设幸福社会也需要多个部门的通力协作。通过财政支持、完善公共服务的供给，实现公共服务的普惠化和均等化。

其次，社会参与是建设幸福社会的重要条件。任何时候的幸福社会建设，单靠政府都是不太现实的，需要社会力量的广泛参与。因此，民间社会组织、社会团体的参与对于幸福社会建设意义重大。当前，各地正在开展枢纽型社会组织建设，通过政府购买社会服务，枢纽型社会组织联系其所属行业或群体的民众，为他们提供社会服务，而这些服务则能够直接提升居民的幸福指数，提高整个社会的幸福水平。

再次，尊重民众的主体性和创造性，通过营造和谐的舆论氛围，服务于幸福社会建设。民众既是幸福社会建设的主体，也是幸福社会的直接受益者。幸福社会建设，就是要做到发展成果由大众共享。古人云：国家兴亡，匹夫有责。当前，为了实现中华民族的伟大复兴，实现国强民富、家庭和谐、个人幸福的"中国梦"，每个人都承担着一份责任，这就是建设幸福的个人生活、家庭生活，最终在社会层面，也能实现和谐与幸福，实现华夏儿女国强民富的复兴梦。

二、公平正义是幸福社会建设的应有之义

幸福社会建设的落脚点在于共享幸福。尤其要关注幸福社会建设中的公平公正问题，确保发展的成果由全民共享。公平公正问题的解决，需要把握以下三个方面的因素。

（一）幸福社会建设是全民的幸福，而非部分人的幸福

对政府部门来说，幸福社会建设要体现公平正义，必然要求针对的是全民的福祉。从具体操作上来讲，尤其要关注弱势群体的幸福。相对而言，社会经济地位高的群体享有的资源多，更加关注社会政策中的效率问题、规则公平问题，通过法治建设和市场经济的完善可以解决这部分群体的幸福问题。对于弱势群体而言，对幸福的追求可能要困难许多，找不到工作、看不起病、残疾人生活无法自理，这些问题都直接危害到他们的幸福感，因此，政府必须要在此过程中扮演应有的角色。通过完善社会保障和公共服务体系，化解弱势群体的后顾之忧，实现普遍社会意义上的幸福。

（二）幸福社会建设要解决好效率和公平的问题

解决效率问题，需要政府转变职能，把该管的事情管好，不该管的事情坚决不管，放手让市场和社会组织去管理。在初次分配和行政管理领域，注重效率；在再次分配和社会管理领域，注重公平。通过税收、转移支付等手段，确保社会弱势群体的基本人权和发展权。在教育、医疗、社保等领域体现公平原则。

（三）幸福社会建设要体现对普遍性和差异性的尊重

普遍性是指作为个体、家庭和社会成员，公民的需求存在共同性。幸福社会建设的切入点和着力点，应当从这些普遍的诉求和呼声入手。例如对于青少年，要关心他们的成长和发展，解决他们遇到的实际困难。对于家庭，育儿、养老都是现实且十分重要的问题。幸福"中国梦"，必然要落实到个体的"事业梦"、"婚姻梦"、"家庭梦"，要具体而生动。

差异性是指幸福社会建设需要考虑到各地区、各行业、各阶层的现有资源和不同地位，需要具体问题具体分析，考虑和尊重差异性，有针对性地制定和实施各项经济和社会政策，满足他们的特定需求，进而改善和提升他们的幸福水平。

三、幸福社会建设是长期的过程

幸福社会建设不可能一蹴而就，这项建设将伴随着我国社会主义建设的"三步走"战略蓝图，也伴随着中华民族伟大复兴的建设过程。在此过程中，需要注意避免一些误区，沿着正确的道路前进。

误区之一：数字崇拜，迷信"幸福指数"

走入此误区，就会陷入新的"GDP"崇拜、指数崇拜。第一，社情民意调查中，民众的幸福指数高达"99.9%"的表述不应成为地方官员追求的绝对目标，地方官员更应该关注幸福感很低的民众，可能数量上他们并不占多数，要了解他们感到"幸福欠缺"的原因是什么。第二，也要从动态的角度来看幸福感，与自己作比较，追求幸福感的提升和改善，而非一味地追求高的幸福指数或者"感到幸福"的民众的百分比。第三，注重对幸福感的科学调研。需认识到随着时代的变化，公民对幸福的理解和要求都在发生变化，因此，也必然要求政府在倾听民意时，考虑到这种幸福观的时代变化，与时俱进地测量和考察公民的幸福观。

误区之二：幸福感太主观，认为经济建设搞上去了幸福感自然就来了

持此观点的官员，认为主观的东西不好测量，而且也不作为政绩考评依据，因此自然不把民意放在心上。高楼大厦看得见，自然要多修多建；下水道、老旧小区更新和托儿所新建，不那么容易见到成效，所以在日程上就往后排。这种观点违背了实事求是的思想路线，也不符合"全心全意为人民服务"的宗旨。一方面，基础设施和其他经济建设成果是提升居民幸福感的重要前提，没有工作和收入，幸福感自然无从谈起。另一方面，收入提高了，其他方面的要求也随之浮出水面，或者某些方面的需求的标准更高了，所以施政者必须看到这种社会心态的现实性，通过不断地倾听、反馈、实施来满足公民对幸福社会建设提出的更多更高要求。

总之，幸福社会建设是一项系统的、长期的社会工程，它没有终点，与个人追求幸福生活一样，国家和社会对于幸福的追求，必然体现在公民身上。

这个过程本身就是极有意义的，对政府和民众都是如此。期待在习近平总书记"中国梦"旗帜的引领下，构建党和政府为主导、社会组织和民众积极参与的格局，以社会主义核心价值观凝心聚神、汇聚力量，齐心戮力，建设我们的幸福社会，早日实现十三亿中华儿女的"幸福梦"。

参考文献

[1] 邢占军.测量幸福——主观幸福感测量研究[M].北京：人民出版社，2005-05.

[2] 廖慧.透视中国人的幸福观[N].光明日报，2012-10-14.

[3] [德]鲍吾刚著，严蓓雯，韩雪临，吴德祖译.中国人的幸福观[M].南京：江苏人民出版社，2009-09.

[4] 苗力田译.亚里士多德全集（第8卷）[M].北京：中国人民大学出版社，1992.

[5] 周辅成.西方伦理学名著选辑[M].北京：商务印书馆，1964.

[6] 郑雪，严标宾，邱林，张兴贵.幸福心理学[M].广州：暨南大学出版社，2004.

[7] 冯显德.论亚里士多德的幸福观[J].中南民族大学学报，2005-03.

[8] 蒋颖荣.中国传统文化中的幸福观[N].思想工作政治研究，2011-01.

[9] 李敏.当代青年幸福观的时代诉求及培养[J].山西青年管理干部学院学报,2012-02.

[10] 项丹青.什么造就一个幸福的德国人[J].明镜，2011-12-31.

[11] 游楚芝.发挥职能作用，给力幸福社会建设[N].汕头日报，2011-07-18.

[12] 王霄,王丽玲,曹书敏,阎连朵.幸福社会的分析维度和具体内容[J].河北科技师范学院学报,2011-03.

[13] 张导平. 以科学发展观为指导建设幸福社会 [J]. 党政论坛, 2010-10.

[14] 曹峰. 康德幸福观及其对我国建设幸福社会的启示 [J]. 新疆社科论坛, 2011-08.

[15] 周树智. 幸福社会如何实现 [N]. 深圳特区报, 2013-11-05.

[16] 徐洪军. 幸福与意识形态——试论"中国梦"的思想建构 [J]. 北京社会科学, 2014-02.

[17] 徐景安. 中国梦：共创幸福社会主义 [J]. 商场现代化, 2014-01.

[18] 刘志光, 杨爱平. 幸福社会建设与政府管理的制度创新 [J]. 华南师范大学学报：社会科学版, 2012-10.

[19] 梁宏. 幸福社会与责任政府 [J]. 探求, 2011-03.

[20] 葛宇宁. 社会主义幸福社会何以可能 [J]. 内蒙古民族大学学报：社会科学版, 2013-03.

[21] 何伍爱. 建设幸福档案资源体系, 促进社会事业全面发展 [J]. 广东档案, 2011-10.